2022年度广西高校中青年教师科研基础能力提升项目"农业产业特色化助推广西北部湾经济区乡村振兴战略发展研究"（项目编号：2022KY0565）。

玉林师范学院2016年度校级科研项目"玉林农村土地规模经营研究"（项目编号：2016YJKY02）

农业的科技革新理论与实践研究

刘 娟 ◎ 著

汕頭大學出版社

图书在版编目（CIP）数据

农业的科技革新：理论与实践研究 / 刘娟著. -- 汕头：汕头大学出版社，2024.4
ISBN 978-7-5658-5266-4

Ⅰ. ①农… Ⅱ. ①刘… Ⅲ. ①农业技术－技术革新－研究－中国 Ⅳ. ① F323.3

中国国家版本馆 CIP 数据核字 (2024) 第 070279 号

农业的科技革新：理论与实践研究
NONGYE DE KEJI GEXIN：LILUN YU SHIJIAN YANJIU

著　　者：刘　娟
责任编辑：蔡　瑶
责任技编：黄东生
封面设计：优盛文化
出版发行：汕头大学出版社
广东省汕头市大学路 243 号汕头大学校园内　邮政编码：515063
电　　话：0754-82904613
印　　刷：河北万卷印刷有限公司
开　　本：710 mm×1000 mm　1/16
印　　张：16
字　　数：216 千字
版　　次：2024 年 4 月第 1 版
印　　次：2024 年 5 月第 1 次印刷
定　　价：98.00 元
ISBN 978-7-5658-5266-4

版权所有，翻版必究

如发现印装质量问题，请与承印厂联系退换

前言

农业是人类赖以生存和发展的基础,是一个国家经济发展的根本,是稳民心、安天下的基础性和战略性产业。在漫长的历史发展过程中,农业生产先后经历了原始农业、古代农业、近代农业等历史阶段,并在先进科学技术的推动下,逐步向现代化发展。现代农业以科技化、市场化、集约化、标准化、产业化为基本特点,是现代科技、资金等现代生产要素相互融合的产物。推进农业现代化发展,事关我国乡村振兴、城乡一体化发展等一系列重大决策,是保证国家经济持续稳定发展的关键,是全面建设社会主义现代化国家的重大任务。农业现代化发展,必然要以农业科技为重要支撑。农业科技对于提高农业生产率、提升农业质量效益和竞争力有着十分重要的作用,它是促进农业现代化发展的必要手段之一。

作为支撑和推动农业经济的重要资源要素,农业科技的进步与创新,不仅要在技术研发上有所突破,还要在农业生产中发挥自身的优势作用。这就需要通过技术培训、技术咨询、科技特派员等方式,利用信息化技术手段促进农业科技成果的转化,通过加强农业科技推广体系建设、积极探索农业科技推广模式等途径加强农业科技的推广应用,在农业生产中真正发挥出农业科技的积极作用。农业科技的进步与创新离不开人才培养,我国应积极探索多元化的农业科技人才培养模式,充分发挥高校及各农业组织优势,建立健全农业科技人才保障机制,为农业科技的进步与创新提供必要的人才储备。

目前,我国利用农业科技创新在推动农业现代化发展方面做出了许多探索,并取得了显著成效,比如大力发展智慧农业、精细农业、都市

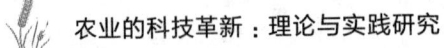

农业等现代化农业生产模式，积极建设现代科技园区，持续优化农业生产结构和区域布局，推进农业绿色发展和可持续发展，推动多形式适度规模经营，积极探索多样化的农业社会化服务模式等。这一系列举措不仅说明了我国高度重视农业经济的发展，还说明了农业科技创新对现代化农业发展的促进作用体现在方方面面。总之，农业科技化发展是未来农业发展的一大趋势，实现农业经济持续稳定发展的根本出路在于科技。我国要加快建设农业强国，必须通过科技引领，用现代科学技术服务农业，用现代生产方式改造农业，不断提高我国农业综合效益和竞争力。

目 录

第一章 农业基础理论 1
  第一节 农业的内涵与特征 3
  第二节 农业的产生与发展 8
  第三节 农业的地位与作用 18
  第四节 农业产业结构分析 23
  第五节 农业现代化的分析 47

第二章 农业经济的结构与要素 75
  第一节 农业经济形式 77
  第二节 农业经营方式 78
  第三节 农业经济组织 81
  第四节 农业经济的资源要素 82

第三章 农业科技及其在农业发展中的影响 93
  第一节 农业科技的特点 96
  第二节 农业科技的作用 97
  第三节 农业科技成果转化 98
  第四节 农业科技的推广应用 107
  第五节 农业科技进步与农业发展 116

第四章 农业科技人才的培养与发展 127
  第一节 农业科技人才培养的理论基础 129
  第二节 现代农业科技人才的素质 131

第三节　农业科技人才培养模式的构建……………………134
　　第四节　农业科技人才培养的策略…………………………139

第五章　科技创新对农业经济发展的驱动……………………145
　　第一节　农业科技创新概述…………………………………147
　　第二节　科技创新对农业经济发展的作用…………………158
　　第三节　强化农业科技创新对农业经济发展驱动作用的策略……163

第六章　科技创新驱动下的农业建设与发展策略……………169
　　第一节　智慧农业建设………………………………………171
　　第二节　农业科技园区建设…………………………………191
　　第三节　田园综合体建设……………………………………209
　　第四节　以科技为核心的精细农业…………………………231
　　第五节　现代都市农业建设…………………………………234

参考文献……………………………………………………………246

第一章 农业基础理论

第一节 农业的内涵与特征

一、农业的内涵

农业是指人类利用动植物的自然生长规律，通过各种生产劳动来获得农业产品的一种产业。农业是人类的生存之本，是促进社会经济建设与发展的基础，属于产业结构中的第一产业。与第二、三产业相比，农业能够将自然环境、生物与人类活动有机地融为一体，使其构成一个完整的生态系统。在这个生态系统中，各种动植物是农业生产的对象，主要包括粮食作物、经济作物、牲畜家禽、林牧水产等。这些种群结构单一，净第一性生产力较高，且高度受人类的调控与影响。另外，这个生态系统中的环境既包括自然环境，又包括人工环境。虽然农业与自然环境条件的关系十分紧密，它存在的前提是生物与自然环境之间发生着物质与能量的交换，但是人工环境会对自然环境进行一定的改造与修饰，在满足农业生物的反季节生长需求，以及在新的生产项目活动中有着强大的功能作用。因此，从这一层面看，农业受人工环境的影响更大。作为生态系统的组成部分，农业必须有人类的劳动参与和控制，缺少了人类的参与或动植物的再生产，则不可能成为农业。

农业的内涵主要包括自然再生产和经济再生产两层含义（图1-1）。

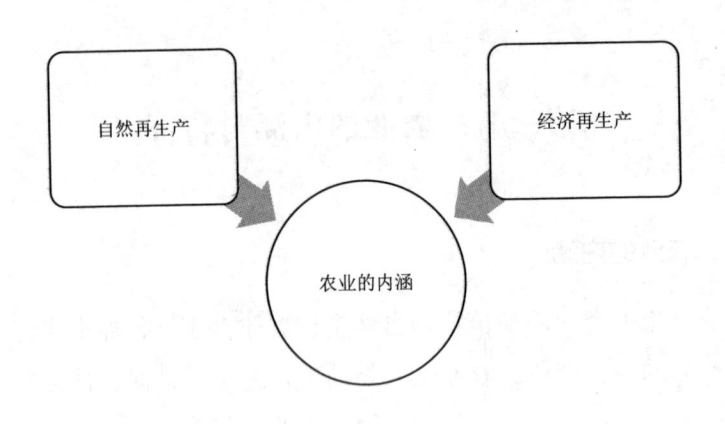

图 1-1　农业的内涵

第一，自然再生产。自然再生产，是指在自然环境中，各种动植物利用其生长、繁殖等机能不断更新、循环往复的过程，它是生物固有的一种自然特性。因为农业生产的主要对象是有生命的动植物机体，所以农业具有自然再生产的特点。在农业中，动植物的自然再生产是在人类劳动的干预和控制下进行的，再生产的自然环境和物质条件大多经过了人类的改造，以满足人类的生活与经济需求。

农业作为一种产业，必须依靠动植物的再生产才能获得存在的意义。农业中的自然再生产主要包括植物的自然再生产、动物的自然再生产和微生物的自然再生产，其中植物的自然再生产是指植物利用自然环境，比如光、水、二氧化碳，通过光合作用，完成植物性产品的过程；动物的自然再生产则是利用植物性产品，实现动物性产品转化的过程（这一过程，又称第二性生产）；微生物的再生产是指微生物对动植物的残体和排泄物进行还原，使其转化为动植物生长发育所需养料的过程。由此可见，在农业中，动植物的自然再生产，遵循着自然界生命运动的客观规律。因此，农业必须遵循生物科学所揭示的循环再生产规律，不能只一味追求经济效益，而破坏其原有的自然生态环境。

第二，经济再生产。各种生产活动都不能脱离人类主体，农业也是如此。虽然农业是以动植物为生产对象的，在很大程度上会受到自然环境因素的制约，但同时农业生产活动也是人类的活动过程，是生产、交换、分配、消费4个环节不断更新与循环的过程。生产环节是指人类通过一定的技术手段调整或加快动植物的成长过程，使其发生预期变化，进而生产出产品的过程。交换环节主要是指生产之前的农业物资采购与生产之后的产品销售活动，它是生产和消费的中间环节。分配环节是指劳动农业产品的分配，人们获得一定数量的农业产品之后，只有通过分配和交换，才能使其融入商品经济市场当中，促进国民经济的发展，从而进一步满足自身扩大再生产的需要，提高农业生产的积极性。因此，分配也是连接生产与消费的中间环节。消费环节既包括生产消费，又包括个人消费。这4个环节的地位是同等重要的，只是各自具有不同的作用，并无主次之分。农业的经济再生产过程就是按照上述4个环节周而复始地进行，它是人类干预和控制自然再生产的最终结果。

在农业生产当中，人们会依据自然生态系统的循环规律，通过劳动投入来强化和控制自然再生产过程，以获得更大的成果产出。也正因如此，人类必须遵循社会经济发展的基本规律，正确处理生产力与生产关系之间的关系，通过合理利用一定的科学技术手段来提高劳动生产效率，增加农业产出，促进农业经济发展。

农业的自然再生产与经济再生产并不是两个相互独立的过程，而是相互交织、相互融合的，这也是农业与其他产业的重要区别。一方面，自然再生产是经济再生产的前提，如果人们脱离了生物和一定的生态环境，违背了生物与非生物之间的物质循环、能量转化的规律，就无法进行农产品的生产、交换、分配与消费，也就无法实现经济再生产的过程。另一方面，经济再生产对自然再生产起着主导作用。只有通过经济再生产，经过人类的必要干预，动植物的自然生产力才得以从自然环境转化到现实社会当中，才能发挥自身潜在价值。同时，经济再生产会对自然再生产产生一定的强化作用。人类在农业生产中，能够通过改造动植物所依赖的自然环境条件或者改造动植物本身的性状（如改良品种、培育新品种），强化动植物的自然再生产过程。在农业中，应正确把握自然再生产与经济再生产之间的关系，对自然再生产的干预必须符合动植物的自然生产规律，各项生产活动也要符合社会经济再生产的客观规律。只有这样才能不断提高农业生产力，使农业经济获得可持续发展。

二、农业的特征

农业的特征主要表现在空间上的广阔性和地域性、时间上的连续性和周期性，以及自然性与社会性的统一（图1-2）。

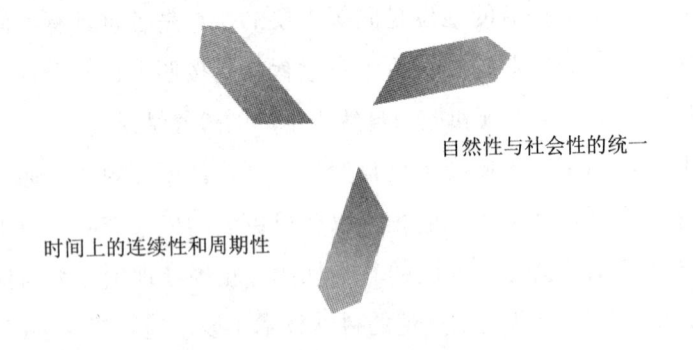

图1-2 农业的基本特征

（一）空间上的广阔性和地域性

农业在空间上表现出了一定的广阔性和地域性，特别是对于农作物来说，农业自然资源分布范围的广阔性和不平衡性，以及农作物对外界环境条件的适应性，直接影响了农业的空间特性。农业自然资源在地球上的分布较为广泛，比如大气资源、土地资源、水资源等。农业生产并不能将这些分布广泛的自然资源集中到特定的区域内进行集中性的生产，因此农业自然资源分布范围的分散性决定着农业的广阔性。此外，从农作物本身的自然特性看，农作物一般只能生长在特定的自然环境当中，比如有的农作物需要温暖潮湿的环境，有的农作物则只能在干燥寒冷的环境中生存，如果自然环境超出了它的适应范围，那么农作物就不能正常生长发育。所以，人们只能在具备基本农业资源的广阔地区上，更充分地利用自然环境广泛种植。

同时，农业自然资源分布的不平衡性决定着农业的地域差异性。受到地形、地貌状况以及地球自然运动规律的影响，不同地区的光照强度、水资源、土壤资源等自然资源的分布存在着较大的差异，这就导致了各个地区必须选择与之相适应的作物种类和耕作方法，进而使农业活动呈现出了一定的地域特征。比如我国南方热量高、雨水多，适宜水稻、油菜的生长，因此南方地区多发展以水田地为主的水田农业；而我国北方热量低、雨水少，适宜小麦、玉米的生长，因此北方地区主要发展旱地耕作农业。农业在空间上的地域性，要求人们在进行农业生产时，必须因地制宜，合理规划，比如在地形陡峭、易发生水土流失的地区发展林业，保持水土；在地形平坦、土壤肥沃、利于耕作的地区发展粮食生产；在降水较少，但牧草生长良好的地区发展畜牧业，充分发挥当地资源的优势。

（二）时间上的连续性和周期性

农业生产不可能一劳永逸，而是要连续不断地进行，这不仅是因为农作物本身存在着循环往复的自然再生产规律，还由于人类无法摆脱对农产品的需要，只要人类存在，农业生产就一定存在。伴随着人类需求的不断增长，农业生产在时间上也呈现出了连续性的特点。这提醒人们，在进行农业生产时，不能只顾眼前利益，不做长远打算，一味消耗或破坏农业自然资源，最终只会自食恶果。

农业生产受自然条件的影响较大，在时间上具有明显的周期性特征。因为动植物的生长发育有一定的规律，并受自然因素的影响和制约。自然因素，特别是与农业生产密切相关的气候因素，如光照、热量、降水等，会随着时间的变化而呈现出周期性变化特点。因此，这就决定了农业生产活动会随季节的变化而具有周期性的特点。所以，人们在进行农业生产时，不仅要因地制宜，还要因时制宜，不违农时地播种、培育与收获。

（三）自然性与社会性的统一

农业生产的自然性主要体现在两个方面：一是农业生产的基础与前提是土地，它是农业最基本的不可替代的生产资料，属于自然环境中的重要组成部分；二是农业生产的对象是动植物，它们都是有生命的生物，深受自然环境条件的影响与制约。因此，要合理规划利用土地，避免自然环境带来的不利影响。

农业活动是需要人类参与的一种社会性活动，是人类利用社会资源对自然资源进行再加工的生产过程。因此，农业生产既受自然规律的支配，也受经济规律的制约。人类在进行农业生产时，不仅要考虑对自然资源的合理改造与适应，还要考虑社会资源的投入效果，如资金、人力等，以增加经济收益。

第二节 农业的产生与发展

一、农业的产生

农业是随着人类的起源而产生的。在农业产生之前，早期的人类以狩猎与采集为生。当时的技术进步都是为了寻找更多的食物，而不是生产更多的食物。随着时间的推移，人类逐渐学会了运用一定的方法改善野生植物的生长环境或模仿自然的生产过程，以获得更多的食物。至新石器时代，人类已经能够制作打磨石器工具，学会了驯化野生动物并加以饲养，掌握了植物生长规律并加以种植，进而逐渐积累了一定的畜牧和农耕技术，原始农业由此产生。

关于农业产生的原因，不同的学者有着不同的看法，比如亚里士多德（Aristotle）的气候学说、亨利·托马斯·巴克尔（Henry Thomas Buckle）的地形学说、伊斯特尔·博塞拉普（Ester Boserup）的"人口压力"学说等。但总体来看，影响农业产生的原因主要有以下四点：

第一，人类的进化。农业生产，不仅依赖于自然环境的客观规律，还依赖于人类的智慧和才能。只有人类自身生理条件不断提高并达到一定水平之后，农业生产才有可能被创造出来。随着智力的不断开化，人类产生了主动干预自然以获取食物的意识。

第二，自然食物的缺乏。受人类活动与自然气候的双重影响，有限的自然资源不断被消耗，人类生存所需的动植物数量不断减少，迫使人类开始谋求其他的出路，即运用农业生产的方式来获得食物。

第三，采集经验的积累。长期的采集生活，是促进原始农业产生的重要原因和技术基础。处于旧石器时代晚期的人类，在采集植物果实的过程中，头脑中便开始萌生出有关作物栽培的初步想法。

第四，农业生产条件的出现。一方面，旧石器时代晚期，石器工具更加细小化，为原始农业生产工具的产生提供了一种可能性。另一方面，贮藏器皿的出现同样为原始农耕的出现奠定了基础。农业生产的季节性和周期性决定着人类食物来源难以储存，而贮藏器皿的出现，不仅能够保证食物的连续供应，还能够为人类开展农业生产下一周期提供根本保障。

总之，农业的出现与多方面因素有关，是人类活动与自然环境共同作用的结果。

二、农业的发展

农业的发展主要经历了原始农业、古代农业、近代农业以及现代农业4个阶段（图1-3）。

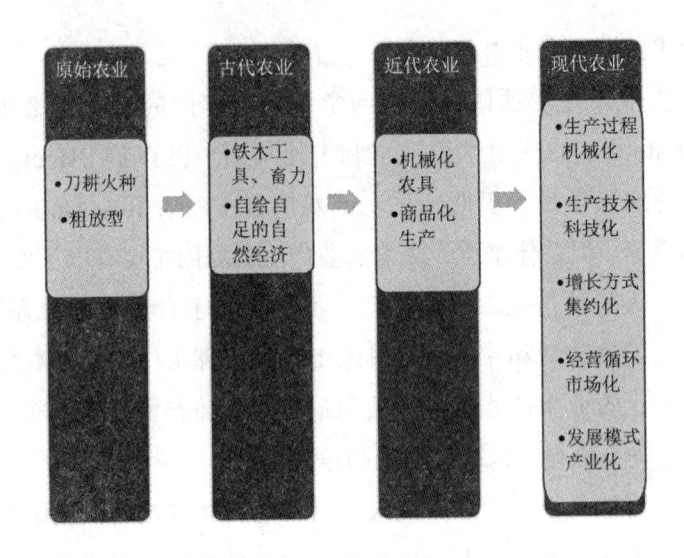

图 1-3　农业的发展阶段

（一）原始农业

正如前面所述，原始农业产生于原始人类的采集与狩猎活动，它的特点主要是人类开始依靠石器工具来进行简单的农事活动。这一时期的农业生产方式主要是原始的"刀耕火种"，虽然这种方式较为原始、简单，但原始农业的产生使得人类社会实现了两大转变：一是由狩猎转变为畜牧，二是由采集转变为种植。自此人类开始定居下来并在固定的活动场所进行农业活动，因此原始农业还被誉为人类经济史上的第一次革命。

从生产方式看，除"刀耕火种"之外，处于原始农业阶段的部分区域也会利用水力进行农业活动，比如早期人类利用尼罗河定期的涨落，在埃及发展了"水耕"农业。这也说明，原始人类开始有了改造农作物生产条件的意识和初步能力。

原始农业时期，人类并非完全脱离了采集与狩猎的生产方式，因为原始农业的耕作方式是粗放型的，基本上只有种和收两个环节，实行简单协作为主的集体劳动。此时期的农田仍主要受自然环境的控制，人类对农业生态系统的干预能力很小，土壤营养的平衡完全靠自然植被的自我恢复。因此，原始农业的土地利用率很低，产量也很低，生产的产品并不能完全满足人类的需要，仍需以采集和狩猎作为重要补充。这种耕作方式还被称为"撂荒制"，其主要特点就是土地肥力的恢复要依靠自然力量，没有或很少有人类劳动的参与。当时人们在村落附近或在离村落稍远的位置，利用简单的工具开掘一块土地，撒播种子，不加管理，任其生长，等待收获。连续种植几年后，地力衰退，收成减少，即放弃这块土地，另选一块新的荒地依照前法进行垦种。如此不断更迭，轮换种植，待地力恢复之后，农业再生产得以继续进行。

原始农业虽是农业的萌芽时期，但它标志着人类开始由顺应自然转变为积极地干预自然，由取食于自然转变为有目的地生产。现在人类栽培的作物、饲养的家畜，大多是在原始农业时期培育、驯化而成的，是人类生存智慧的结晶。原始农业是人类社会产生与发展的基础，有了原始农业，人类社会才有了以后的分工，才有了物质文明和精神文明的发展。

原始农业阶段的人类主要使用石器、骨头等简单工具来从事农事活动，随着生产力的发展和铁器的出现，原始农业开始逐渐过渡到古代农业。

(二) 古代农业

古代农业是指人类利用铁木农具，凭生产经验从事生产活动的一种农业活动。从农业生产力的性质和状况看，古代农业属于农业发展过程中的早期阶段，大体上是从石器时代和铁器时代交替时期起，到19世纪后期为止的农业。

古代农业时期，与原始农业时期相比，在农业生产方式、耕作技术等方面都有了巨大的进步。古代农业的基本特点是人类开始使用较为先进的铁木农具来代替原始的石器农具，相继发明和推广了铁犁、耧车、风车、水车、石磨等工具，并开始使用农业生产的主要动力——畜力。同时，古代农业时期，开始逐步形成一整套的农业技术措施，如选择作物和畜禽良种、兴修水利、积制农家肥料、防治病虫害、采用较为先进的畜禽饲养技术，以及从撂荒制过渡到轮作制等。轮作制是指有科学根据地轮换种植不同农作物，而在必要时也可以在一定时间内安排一定地块的轮休。这种耕作方式可以均衡利用土壤中的营养元素，保存和提高土壤肥力，减少或免除某些连作所特有的病虫草危害。我国西汉农学家赵过创行的"代田法"，实际上就是一种较为科学的轮作制耕作方法，即一块农田，将今年垄背的位置，在明年翻耕整地后开成垄沟；将今年开成垄沟的位置，在明年筑成垄背。这种方式看起来很简单，但在干旱严重、肥力低下的地区能够产生很好的耕种效果，可以称之为我国农业发展史上作物种植技术的一次重大改革，赵过也因此还被誉为"古代农业技术创新第一人"。这也从侧面说明，我国古代农业十分重视生产技术的创新。至唐宋时期，我国南方农业形成了一套以耕、耙、耖为中心的精耕细作的方法，基本上奠定了南方水田的耕作模式，农业生产水平逐步提高。但人们也应认识到古代农业存在一定的局限性，由于当时农业劳动生产率还很低，社会分工并不十分发达，农业生产基本上还是以自给自足的自然经济为主导。此阶段的农业并没有摆脱自然环境的约束，特别是在气候条件方面，人类还是只能适应自然。当时的农业技术基本上还建立在对生物及其环境的外部观察和直接经验积累的基础上，在此条件下，农业生产只能缓慢、渐进式地发展。随着近代自然科学的发展，半机械化、机械化农具逐渐代替了手工操作的铁木农具，古代农业便逐步发展为近代农业。

（三）近代农业

近代农业是传统农业向现代农业转变的过渡阶段，在农业发展史上属于农业的近期阶段。这一阶段的特点是由手工工具和畜力农具转变为机械化农具,由直接经验转变为近代科学技术,由自给自足生产转变为商品化生产。近代农业,处在人类第二次科技革命时期,物理学、数学、化学、生物学等科学知识成果大量涌入农业领域,在很大程度上提高了人类对农业科学的认识,提升了农业生产力水平。

近代农业的发展与资本主义工业的迅速崛起有着密切联系。世界经济的快速发展,有力地推动了近代农业的发展和农业技术的变革。世界人口迅速增长和消费水平不断提高,使得人们对食物和经济作物的需求量越来越大,这在很大程度上促进了世界耕地面积的扩大和资本主义农场数量的增长。同时,这一时期农业的物质技术基础和农业生产水平也获得了快速发展。19世纪上半叶,英国率先在农业中使用机器,随后各种以畜力、水利和蒸汽机为动力的农业机械陆续出现,化学肥料使用日益广泛,优良作物品种不断被研发、应用,农业生产的社会分工越来越细,农业企业从事商品生产逐渐成为主要的农业经营形式,劳动生产效率和农业产量都得到了飞跃式的提高。同时,近代农业也存在着一定的弊端,人口的迅速增长使得人们对食物和其他自然资源的需求变得更为急迫,人类在不完全了解的情况下使用农药和技术常常会引发土地、空气和水的污染与质量退化。此外,由于近代农业的高产依赖于农业以外能力的输入,农业生产成本不断提高,加之能量输入技术的不完善,人们在能量使用上出现了严重的浪费。在近代农业阶段,工商业通过多种方式一直向农业索取,农业处于一种"输血"的状态,出现了工农之间对立的状态,农业本身的脆弱性和农民收入低下也是造成包括农业在内的整个国民经济周期性危机的重要原因。

整体来看,推动近代农业进步的主要力量是农业生产工具的更新和科学技术发展。随着科学技术和生产力水平的进一步提高,近代农业逐渐进入现代农业。

通常情况下,人们将古代农业与近代农业,统称为传统农业。传统农业是在自然经济的前提下，依靠传统经验，以传统生产要素和人力手工为基础的农业，即以土地、劳动力为主要生产要素。与原始农业相比，传统农业的农业生产得到了明显改进，农具种类也因农业生产活动的多样化而丰富起来，特别是铁器等金属工具的广泛使用，使农业生产力得到了一定程度的提高。另外，在传统农业时期，人们开始广泛地使用畜力及其他自然力从事农业生产活动，牛、马等大型牲畜逐渐成为农业活动的主要动力资源，水力、风力等自然力也得到了开发利用，这为农业的后期发展奠定了良好的基础。

传统农业，有时也被理解为传统农业技术，即从历史上沿袭下来的耕作方法和农业技术，比如选择作物和畜禽良种、间套种、复种、积制农家肥料等。传统农业技术是划分传统农业与现代农业的根本依据，基本上建立在对生物及其环境的外部观察和直接经验积累的基础上，因此传统农业的生产发展速度较为缓慢，传统生产要素的供给与需求处于长期均衡的状态。传统农业技术，对促进农业生产发展曾起过积极的作用，但随着农业结构战略性调整以及农业产业体系的兴起，传统的农业技术已经越来越不适应新的农业发展的需求，这也是迫切需要对传统农业进行改革的主要原因之一。对于传统农业，应实事求是地进行分析，继承和发扬优秀的经验，将现代科学技术、科学管理与精耕细作的优良传统结合起来，逐步建立起符合我国国情的现代化农业。

总之，传统农业以精耕细作为主要特征，基本上维持了生态平衡。随着大工业的发展，农业机械、农业化学制品的制造与应用，以及现代科学技术在农业中的广泛使用，使得部分国家逐步迈入现代农业时期。

（四）现代农业

现代农业主要指自20世纪中叶发展至今的农业，是广泛应用现代科学技术、现代工业提供的生产资料和科学管理方法的一种社会化农业。现代农业的出现，是农业发展史上又一次重大飞跃，它标志着农业生产

第一章 农业基础理论

进入了一个新的发展阶段。现代农业在市场经济的影响下，广泛运用现代工业成果、科技、资本等现代生产要素，农业从业人员不断减少，但农业劳动者具有较多的现代科技和经营管理知识，农业生产经营活动逐步规模化、专业化、集约化，农业劳动生产率大幅度提高。实现了农业现代化的国家，建立了以自然科学为基础的现代农业科学技术，广泛利用现代自然科学进行农业生产，比如生物学、气象学、土壤学、肥料学等，农业科研的领域和范围不断扩大，农业生产的深度和广度不断拓展，农业的可控程度不断提高，出现了"精确农业""绿色农业"等全新的农业发展模式。与传统农业相比，现代农业具有以下几个特点：

第一，生产过程机械化。随着现代工业的发展，从耕地、播种、田间管理到收获、运输、贮藏、加工等农业生产的各个环节全部或大部分实现农业机械化，播种机、脱粒机、收割机、加工设备等现代机械取代人力和畜力，电子、原子能、激光、遥感技术以及人造卫星也开始在农业生产中应用。新型材料、节水设备和自动化设施的运用，逐渐成为当前农业发展的基本趋势。

第二，生产技术科技化。科学技术的发展，是促进现代农业发展的关键要素。先进的科技不断从潜在生产力转化为现实生产力，成为推动现代农业发展的强大动力。从早期有机化肥的使用到以杂交玉米、杂交小麦、杂交水稻为主的绿色革命，从提高产品质量到优化产品质量，生物技术和信息技术不断渗透到农业生产的各个领域当中，农业科技水平不断提高，计算机网络、多媒体等现代科学技术在农业企业管理中的运用越来越广泛，显著改进了农业管理方法。

第三，增长方式集约化。在农业生产当中，集约化主要是指在农田或草地上，人们通过增加收割次数、增加投入（耕作、劳力、肥料、杀虫剂等）或在每单位土地面积上饲养更多的畜牧来提高产量的一种劳作方式。简单来说，就是以较大的投入换取更多的产出。集约化地投入生产要素，改变了农业粗放式的增长方式，能够有效提高土地、水及其他资源的产出率,以资金和技术为主的集约化投入取代了以资源和劳动的粗放投入,使现代农业具有了明显的集约化特征。值得注意的是,在采取集约化的方式提高土地生产率,追求单位面积产量提升的同时,要对自然资源进行合理利用和保护,不能以破坏自然资源为前提,实施掠夺性经营。

第四,经营循环市场化。现代农业是开放的、市场导向型的农业,农业生产、投入、产出、消费的经营循环都要在市场中实现,市场机制对农业资源配置起着主导作用,市场趋向成为现代农民选择农业技术、种植产品的主要动力。现代农业以市场需求为导向,通过大量高能耗产品的输入,来获得农业生产系统的高产出,主要通过市场自身的运行模式来调整农业结构和生产布局,以追求农业利润最大化。农业市场化,提醒人们应该按照市场经济原则去认识、指导农业的自然再生产和经济再生产过程,运用市场机制实现产前、产中与产后的有效衔接,处理好农业生产、分配与消费之间的动态关系,使农业顺利进入市场,使农业供求关系在市场中不断获得新的平衡。当然,市场化的机制也并不是十全十美的,如果只依赖市场的自由调节,可能会引发侵害他人和社会利益的行为。因此,政府也应采取必要的手段和措施适当干预市场,以确保整体市场的正常运转,促进现代农业的良性发展。

第五,发展模式产业化。与传统农业单一化的发展模式相比,现代农业突破了传统的产加销脱节、部门之间相互割裂、城乡界限明显等限制,以一体化的经营方式进行资源配置和利益分配,形成了产前、产中、产后环节衔接紧密,产加销、农工贸环环相扣的全产业链发展模式。现代农业产业化,可以促进农产品区域化布局、专业化生产,提高农业生产水平和规模效益,使城市与农村之间的生产要素进行有机融合,有利于打破城乡割裂的状态,促进城乡协调发展。

第六,生产组织社会化。从生产组织角度看,现代农业是由孤立的、自给自足的经济形式转变为分工细密、协作广泛的社会化生产过程。生产组织社会化是立足整个社会来引导微观经济单位的组合布局、协调社会分工、管理专业化生产的，它是传统农业向现代农业转化的重要标志，是实现现代农业的有力支撑。生产组织社会化，能够将分散的农户组织起来，将小农生产经营纳入现代农业发展当中，通过分工协作发挥规模效应，提高现代农业的总体功能，促进农业生产专业化发展。同时，生产组织社会化还有利于在农业中推广现代科技，促使农民转变为现代新型农民。

另外，现代农业在土地利用、农业生产目标等方面，与传统农业相比，也有着很大的不同，具体如表1-1所示。

表1-1　现代农业与传统农业的对比

对比维度	现代农业	传统农业
农业发展模式	主要依靠知识资本和现代设备的现代化发展模式	依靠以土地、劳动力要素为主的发展模式
经营方式	集约式经营	粗放式经营
经济结构	工农协调、城乡结合的一体化	工农分离、城乡脱节的二元经济结构
经营方式	农工商综合经营	以生产初级产品为主的种养业
土地利用	开发、利用与土地相关的整体资源，重视生态环境建设	仅依靠土地资源
加工业	现代食品制造业	传统农产品加工业
经营模式	农业产业化经营	分散经营
产业程度	由市场配置资源的现代化高效产业	部门分割、行业垄断的产业状况
农业生产目标	围绕国内外两个市场，追求效益最大化	为保障供给而长期追求数量最大化
农民增收渠道	依靠多种经营方式和非农产业	主要依靠农产品增产

可见，现代农业是以现代科学技术为主要特征的农业，是广泛应用现代市场理念、经营管理知识和供应装备与技术的市场化、集约化、专业化、社会化的产业体系，是将生产、加工与销售相结合，产前、产中与产后相结合，生产、生活与生态相结合，农业与工业及其他产业统筹考虑的可持续发展的农业。

第三节 农业的地位与作用

一、农业是人类赖以生存和发展的基础

纵观人类文明发展史，农业始终都是人类的衣食来源，是生存之本。迄今为止，人类所需的最基本的生活资料及其原料都来源于农业，特别是维持人类生理机能所需的糖类、蛋白质、脂肪和维生素等，只能从动植物产品中获取。无论是满足人类的生存所需，还是改善人类的食物结构，都必须依赖农业的发展。至今，人类文明经过了上千年的发展，但农业的基础地位仍未发生改变，农业依然是为人类提供粮食的主要手段，无可替代。

二、农业是国民经济的基础

农业生产不仅为人类提供了生存的必要物质，农业剩余的出现还会引发社会分工，这是其优先于国民经济其他产业发展的先决条件。农业是国民经济其他物质生产部门赖以生存和发展的基础，其为其他部门产业的发展提供基本的要素支持。随着农业生产力的不断发展，农业生产效率不断提高，农业剩余产品快速增加，由此产生的剩余劳动力才得以从农业生产中脱离出来，从事其他社会性劳动。

三、农业是国民经济发展的重要推动力

农业不仅是国民经济的基础,还是国民经济发展的重要推动力。这种推动作用主要体现在以下 4 个方面(图 1-4):

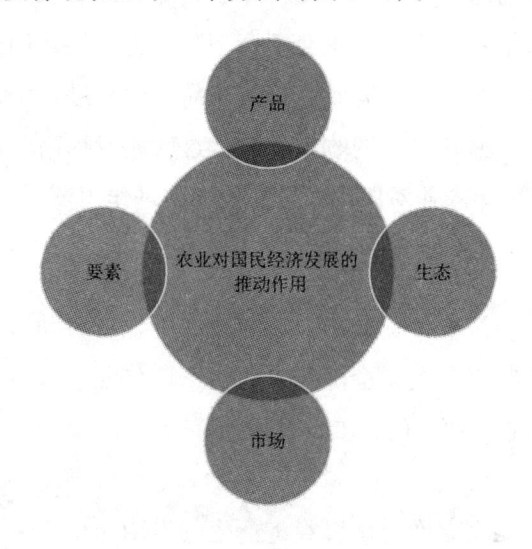

图 1-4　农业对国民经济发展的推动作用

(一)产品

粮食是人类获取能量的基本来源,农业则是为人类提供粮食的基础性产业。虽然从理论上讲,可以通过粮食进口缓解国内粮食供给不足的状况,但就目前的实际情况来说,大量的粮食进口会受政治、经济、社会等多种因素的制约,严重的话可能还会让一个国家陷入困境当中。因此,在很长的一段时间内,农业仍是促进国民经济发展的重要推动力量。此外,农业也是许多其他国民经济产品的重要原料来源,对后续产业的生产成本和价格有着重要影响。如果自然灾害使得某种重要的农产品严重歉收,就会给市场供应造成一定冲击,引发工业生产成本上涨。同样,如果后续的加工业遭遇市场需求的萎缩,也会引发人们对农产品需求的

减少，使农业出现生产相对过剩的现象。正是因为农业与其他产业之间存在着这种相互影响、相互制约的关系，所以农业的稳步发展会为其他产业的发展提供良好的基础条件。从经济学的角度看，由于农产品，尤其是谷物产品的需求收入弹性要小于非农产品，民众收入的增加，通常意味着用于食品消费的支出比重会不断下降，进而导致国民经济中，农业的产值份额随之下降。但同时，以农产品为原料进行生产的工业品的需求弹性一般大于原料本身的收入弹性，这就相对提高了农业对其他产业的重要性，凸显出农业对国民经济发展的促进作用。

（二）要素

农业对国民经济的推动作用，还体现在土地、劳动力和资本这3大生产要素上。这些生产要素会随着农业生产、分配、交换、消费等环节的循环而转移到非农业部门并推动其发展。

1. 土地

农业在土地要素方面对国民经济产生的推动作用，主要是指可以将农业用地转化为非农业用地，进而使农业为其他产业部门的发展提供一定的空间载体，其他产业部门才得以利用更多的土地资源继续发展。虽然对个人而言，这种转化可以使土地所有者获得一定的经济利益，但从整个社会的长远发展来看，市场机制的过度自由发挥，将不利于农业甚至是整个国民经济的持续健康发展，因为可利用的土地资源是有限的，且具有不可替代性，农业用地的减少，势必会导致农产品供应的减少，最终也会引起整个市场机制的失衡。因此，应平衡好农业与其他产业之间的关系，严守农业用地底线，不能顾此失彼，更不能影响农业自身的发展。

2. 劳动力

与其他产业部门相比，农业是在人类社会发展过程中最先形成的产业部门。随着社会经济的不断发展，农业生产率得到了很大的提高，由此出现了农业劳动力剩余，农业劳动力开始向非农业部门转移，从而为非农产业的发展提供基本的生产要素。由此可见，农业是其他非农业部门重要的劳动力来源，没有农业的劳动贡献，就很难有其他产业部门的形成与发展。农业能在多大程度上向其他部门提供劳动力，取决于农业的生产率。农业生产率越高，就会产生越多的劳动力剩余，就会有更多的剩余劳动力从农业中游离出来，转移到其他部门。当然，农业剩余劳动力向其他部门的转移还会受到其他部门本身对劳动力吸纳能力的限制。从总体上看，随着其他部门的发展不断趋向成熟，机械化、信息化、自动化技术的不断普及与应用，必然导致其对农业劳动力的吸纳能力越来越低，进而引发农业劳动力的结构性过剩，制约社会经济发展。但农业对其他部门的劳动力贡献是不容否定的，它在特定时期对于促进国民经济发展发挥着重要作用。

3. 资本

农业对国民经济的促进作用，还体现在资本要素上，特别是在经济发展的初期，其他非农业部门基础薄弱，农业作为国民经济中最主要的物质生产部门，不仅要为自身发展积累资金，还要为其他非农业部门积累资金，因此农业是其他部门资本积累的重要来源。农业向其他部门贡献资本的方式主要有两种：一是通过农业私有投资者的自愿决策，二是通过税收、价格、财政等经济杠杆，强制实行资本转移。第二种方法虽然有利于加速其他部门的资本积累，但结果会使工农产品间的贸易条件朝着不利于农产品的方向发展，从而扩大城乡收入差距，限制农业的发展，严重的话还会影响其他部门的发展甚至整个国民经济的发展。因此，在采取各项措施时，都应仔细权衡利弊，以大局为重。

（三）市场

农业对国民经济的市场贡献主要来源于农产品剩余的供给。

一方面，农业向市场提供商品，满足其他产业对农产品的需求。随着农业生产水平和商品化程度的不断提高，农业自身的市场化程度也逐渐提高，农产品交易活动日益频繁，这不仅能够促进农村运销服务业的兴起，还能使农产品市场体系趋向成熟，进一步促进农村金融市场的发展。因此，农产品的销售能够有力推动农村市场体系的发展，进而促进国民经济的发展。

另一方面，农业也是其他产业的消费市场之一，农业部门购买生产资料产品，农民购买工业用品都是促进国民经济发展的具体表现。也就是说，农业的市场贡献主要体现在农业与其他产业部门的交换，这种交换能够促进整个国民经济的发展。农业能够为其他产业提供多少市场贡献，取决于农民的收入水平。随着农民收入水平的提高，农业生产资料需求不断增长，现代化机械设备、化肥、农药、种子等的支出随之增加，进而不断促进国民经济的发展。

（四）生态

人们应该用辩证的眼光看待农业生产活动对生态环境的影响。不当的农业生产活动会对生态环境造成破坏，而科学合理的农业生产活动可以使遭到破坏的生态环境得到恢复，促进生态环境的协调平衡。农业对国民经济的生态贡献就是通过科学的农业生产活动，发展生态农业，改善生态环境，促进生态系统的平衡，实现农业与自然的和谐发展。农业的生态贡献主要体现在改良土壤、涵养水源、水土保持、净化空气、美化环境和提供各种可再生的生物资源等方面。

总之，农业是国民经济的基础，对国民经济的发展起着重要的推动作用。人们应该准确把握农业与其他产业之间的关系，准确把握农业与自然环境之间的关系，制定恰当的农业发展策略，促进国民经济的平稳发展。

第四节 农业产业结构分析

一、产业概述

（一）产业的概念

产业这一概念，在不同学科中有着不同的解释，比如在宏观经济学中，产业的提出主要是为了区别中间产品（主要指有待于加工或继续加工才能被人们消费和使用的产品）和最终产品（主要指最终供消费者消费和使用的产品）的差异，而在微观经济学中，产业主要指生产具有高度可替代产品的、在市场供给中存在竞争关系的企业的集合。在产品经济学中，产业是指进行同类属性的经济活动组织的集合，它们在某个生产环节中具有一定的相似性，比如投入同类的原材料、具有类似的生产工艺过程或者销售产品功能类似的产品等。

（二）产业的形成

产业的形成过程一般表现为从事同一生产或社会活动的企业出现在经济生活中并逐步发展壮大，进而达到一定规模，发展成为独立的新产业。在人类社会发展的进程中，产业并不是从一开始就有的，而是随着生产力水平的不断提升，在社会分工发展的基础上，逐步形成和发展起来的，它是社会分工的必然结果。随着社会生产力的发展，人类社会经历了三次大规模的社会分工，并在此过程中形成了4大产业：农业、畜牧业、手工业和商业。18世纪下半叶爆发的工业革命，将工业推上历史舞台，机器大工业开始成为经济发展的主导力量。可见，社会分工是影响产业形成的决定性因素。

产业的形成还与科学技术的进步有关，科学技术的进步是推动产业形成的关键性力量。科学技术的进步促使人类社会不断出现新技术、新工艺、新材料、新产品,从而为生产和社会分工的发展开辟了新的领域,为新兴产业部门的形成创造便利的条件。比如电子工业、原子能工业、合成纤维工业和塑料工业等产业的形成,正是原子能技术、电子技术和化学合成技术应用于工业生产和建设的最终结果。

产业的形成是商品经济的客观要求。商品经济是在社会分工的基础上发展起来的,同时商品经济的发展,又会进一步加深社会分工,促进新的产业部门的形成。因为商品经济是一种为了满足他人需要、以交换为目的的经济形式,这种交换关系以社会分工为前提,商品经济越发达,就越要求有能够满足社会多种需要的产业,商品生产者要想在商品市场中获得生产与发展,就必须努力拓展各种产业。因此,各种新兴产业应运而生。

产业的形成需要以一定条件为基础,即消费需求、资源供给和产业规模(图1-5)。

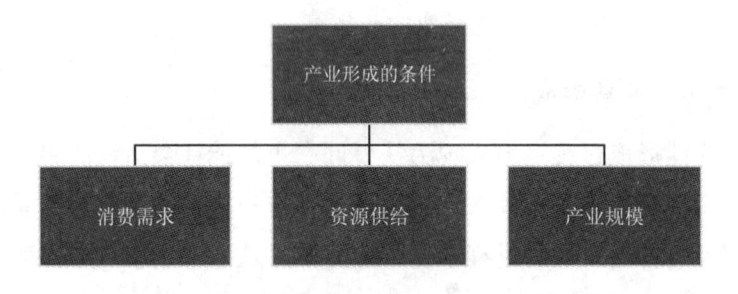

图1-5 产业形成的条件

消费需求是产业形成最为基本的前提条件,从消费与社会总供给的关系看,消费需求是刺激社会供给的重要因素,而产业是主要的社会供给部门,能够为消费者提供各种产品,满足人们的各种消费需求,没有消费及需求的增长,就没有供给的增加,更不会形成新的产业。资源供给是产业形成的又一基本条件。产业的形成,需要产业发展的原始资源,活跃资本的支持也是对新产业的一种货币保证。产业是由多个类似的企业组成的集合，在企业发展过程中，如果没有持续的资源供给，就无法形成某种产业。产业规模也是产业形成的一个重要条件，为了适应市场竞争，许多企业必须加快收购兼并的步伐，组建更大规模的企业，实现规模化经营。企业只有形成了一定的规模，才意味着特定产业形成。产业规模的大小应依据各类产业技术经济的特点而定，同时，这一产业还必须在与国际同类产业的比较及国内其他产业的比较中，占有一定的份额。可见，产业规模是产业实现发展的主要推动力和重要标志。

（三）产业的分类

产业的分类有多种方法，常用的产业分类方法有两分法、三次产业分类法、生产要素集约度分类法等。

两分法是指按照生产活动的性质及其产品属性对产业进行分类的一种方法。按生产活动的性质划分，产业可分为物质资料生产部门和非物质资料生产部门。物质资料生产部门是指从事物质资料生产并创造物质产品的部门，包括农业、工业、建筑业、商业、运输邮电业等。而非物质资料生产部门是不从事物质资料生产，只提供非物质性服务的部门，如科学、文化、教育、卫生、保险、资源等部门。

三次产业分类法是根据社会生产活动的历史过程对产业进行划分的一种方法。这种方法也是国际上较为通用的一种产业分类方法。第一产业是指直接利用自然资源进行生产活动的部门，包括农业和畜牧业。第二产业是对初级产品进行再加工的部门，包括制造业、建筑业、电力等部门。第三产业是指除第一、二产业之外的，以非物质产品为主要特征的服务业，包括交通运输、教育、文化、住宿和餐饮业等。我国使用的国民经济行业分类法就是在三次产业分类法的基础上发展而来的，如表1-2所示。

表1-2 我国对国民经济行业的分类

产业类别	门类代码	门类名称	产业明细
第一产业	A	农、林、牧、渔业	农业、林业、畜牧业、渔业
第二产业	B	采矿业	煤炭开采和洗选业、石油和天然气开采业、黑色金属矿采选业、有色金属矿采选业、非金属矿采选业、其他采矿业
	C	制造业	农副食品加工业，食品制造业，酒、饮料和精制茶制造业，烟草制品业，纺织业，纺织服装、服饰业，皮革、毛皮、羽毛及其制品和制鞋业，木材加工和木、竹、藤、棕、草制品业，家具制造业，造纸和纸制品业，印刷和记录媒介复制业，文教、工美、体育和娱乐用品制造业，石油、煤炭及其他燃料加工业，化学原料和化学制品制造业，医药制造业，化学纤维制造业，橡胶和塑料制品业，非金属矿物制品业，黑色金属冶炼和压延加工业，有色金属冶炼和压延加工业，金属制品业，通用设备制造业，专用设备制造业，汽车制造业，铁路、船舶、航空航天和其他运输设备制造业，电气机械和器材制造业，计算机、通信和其他电子设备制造业，仪器仪表制造业，其他制造业，废弃资源综合利用业
	D	电力、热力、燃气及水生产和供应业	电力、热力生产和供应业，燃气生产和供应业，水的生产和供应业
	E	建筑业	房屋建筑业，土木工程建筑业，建筑安装业，建筑装饰、装修和其他建筑业
第三产业	A		农、林、牧、渔专业及辅助性活动
	B		开采专业及辅助性活动
	C		金属制品、机械和设备修理业
	F	批发和零售业	批发业、零售业

续 表

产业类别	门类代码	门类名称	产业明细
第三产业	G	交通运输、仓储和邮政业	铁路运输业、道路运输业、水上运输业、航空运输业、管道运输业、多式联运和运输代理业、装卸搬运和仓储业、邮政业
	H	住宿和餐饮业	住宿业、餐饮业
	I	信息传输、软件和信息技术服务业	电信、广播电视和卫星传输服务，互联网和相关服务，软件和信息技术服务业
	J	金融业	货币金融服务、资本市场服务、保险业、其他金融业
	K	房地产业	房地产业
	L	租赁和商业服务业	租赁业、商业服务业
	M	科学研究和技术服务业	研究与试验发展、专业技术服务业，科技推广和应用服务业
	N	水利、环境和公共设施管理业	水利管理业、生态保护和环境治理业、公共设施管理业、土地管理业
	O	居民服务、修理和其他服务业	居民服务业，机动车、电子产品和日用产品修理业，其他服务业
	P	教育	教育
	Q	卫生和社会工作	卫生、社会工作
	R	文化、体育和娱乐业	新闻和出版业，广播、电视、电影和录音制作业，文化艺术业，体育，娱乐业

续 表

产业类别	门类代码	门类名称	产业明细
第三产业	S	公共管理、社会保障和社会组织	中国共产党机关，国家机构，人民政协、民主党派，社会保障，群众团体、社会团体和其他成员组织，基层群众自治组织及其他组织
	T	国际组织	国际组织

注：资料来源，国家统计局官方网站。

  生产要素集约度分类法是按各产业投入的生产要素占主要地位资源的比重来划分产业的一种方法。根据资本、劳动力和技术3种生产要素在各产业中的相对密集度，可将产业划分为资本密集型产业、劳动密集型产业和技术密集型产业。资本密集型产业是指在单位产品成本中，资本成本所占的比重较大，每个劳动者所占用的固定资本和流动资料金额较高的产业，如钢铁业、石油化工业、电子与通信设备制造业、电力工业等。资本密集型工业主要集中在基础工业和重化工业，是国民经济的重要基础。劳动密集型产业是指在生产活动中，劳动投入所占的比重很大，资本和技术投入相对较低的产业。比如农业，养殖业，手工业，食品加工业，服装、鞋帽、皮革制品、玩具生产等轻工业，纺织业，印染业，花炮，家具生产，塑料、陶瓷、五金生产，工艺美术品生产，等等。另外，房地产、植树造林、商业、服务业等也属于劳动密集型产业。技术密集型产业是指需要使用先进、复杂的科学技术才能进行生产的一类行业，包括微电子与信息产品制造业、航空航天工业、原子能工业、新材料工业等。技术密集型产业是现代科学技术发展的产物，它显示了社会化大生产发展的方向，能够反映出一个国家或地区的产业竞争力和经济发展水平，但因其对资金、技术，尤其是对科学文化知识的要求较高，故其发展也会受到一定的限制。

(四)产业的发展

1. 产业发展的历史过程

产业在历史发展过程中，经历了三次社会大分工，由最初的农业逐渐发展形成畜牧业、手工业和商业（图1-6）。

图1-6 产业发展的历史过程

第一次社会大分工发生在原始社会的中期，人类的生产活动由原始社会早期单纯的采集和狩猎发展到动物饲养和植物之中，初步形成游牧部落，原始农业与原始畜牧业开始发生分离，形成了最早的农业和畜牧业。第二次社会大分工发生在原始社会末期，人类的生产活动不再只是种植和饲养，还出现了手工制造。随着手工制造专业化水平的提高，手工业开始从农业中分离出来，成为一个独立的产业。第三次社会大分工发生在原始社会向奴隶社会过渡的时期，随着社会生产力的发展和劳动生产率的提高，剩余产品开始出现且数量不断增加，从而引起更加频繁的产品交换，出现了专门或主要从事商品买卖的商人，商业与其他产业部门分离，成为一个独立的产业部门。可见，产业是历史发展的产物，以社会经济发展为背景，以分工和技术进步为契机。社会化大分工，并不是割断农业与其他产业之间的联系，而是深化了农业与其他产业之间相互依存的关系，从而使农业不断向现代化的方向发展。

2. 产业发展的动力

产业发展会受到多种动力因素影响，动力因素是影响产业发展的关键。影响产业发展的动力因素主要有供给因素、需求变动因素、科学技术因素、制度因素等，其中科学技术的进步是产业发展的强大动力。技术进步能够引起需求结构的变动，从而导致产业的兴起或衰亡，推动产业系统的有序演化。因为科学技术的进步不仅能够提高人们利用资源的能力，为新产业的发展奠定良好的物质基础，还能够使社会分工呈现高度分化，使产业结构体系发生质的变化，新产业通过质的变化而得以发展。比如，以计算机技术为代表的第三次产业革命带动了微电子技术、新材料、光纤通信、生物工程、航空航天技术的开发和运用，开创了产业电子化、数字化、信息化的新时代。科学技术的进步不仅直接改变了产业的构成，还改变着产业之间的投入产出比例，从而使产业结构发展变化。拥有先进技术的产业因其具有更高的劳动生产率，能够以相对较高的平均利润率水平吸引到更多的经济资源，从而实现迅速发展；而技术后进产业则发展相对缓慢，从而导致产业之间比例关系的变化。因此，要想使产业持续发展，就需要以企业为技术创新主体，推进技术升级，推进高新技术研究，努力实现产业化。

二、产业结构概述

产业结构是指一个国家或地区各产业间的比例关系，它能够在一定程度上反映一个国家或地区的经济发展水平，不同的产业结构代表着不同的经济发展水平。同理，农业经济中的产业结构则是指在特定的地区内，农业各个产品部门的构成以及各产业的比例关系。

（一）产业结构的影响因素

影响农业产业结构的因素也是多方面的，如自然资源、生产力水平、社会需求结构（图 1-7）。各因素相互交错、相互制约，共同影响着一个国家或地区的产业结构。研究影响产业结构的因素，对于合理制定产业结构政策促进产业结构合理化，具有十分重要的作用。

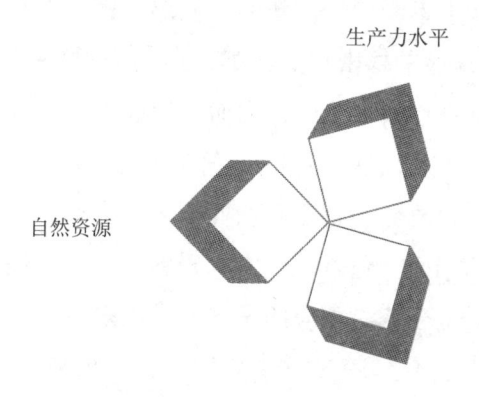

图 2-3　农业产业结构的影响因素

1. 自然资源

合理的产业结构是在充分利用自然条件和资源的基础上，因地制宜地促进国民经济的发展。自然资源的储备量、开发与利用情况，对一个国家产业结构的发展产生的影响是客观的，但这种影响也会随着技术进步的发展而逐渐呈现出弱化的趋势。尽管如此，就目前来看，自然资源对产业结构的影响在短期内并不会消失，它对于一个国家形成具有优势的产业结构有着决定性作用。比如，气候条件优越、土地肥沃、水资源丰富的国家和地区，适合农业发展，因此农业在其产业结构中可能处于重要位置。再比如某地区或国家拥有丰富的石油资源，那么原油开采、输出等产业可能在其国民经济发展中占有很大的比重。总之，自然资源对产业结构的影响是相对的，它会随着科学技术的进步而逐渐减小，同时，在不同的发展阶段，自然资源对产业结构的影响也并不完全相同。

2. 生产力水平

生产力决定着生产关系。不同的生产力水平会使各个产业之间形成不同的结构，当一个国家或地区的生产力和生产技术水平相对较低时，手工劳动占主导地位，其产业结构也会相对较为简单。随着生产力水平的提高，人们的创造能力不断增强，新的产业部门就会不断涌现，各产业部门之间的联系也会越来越密切。比如，最初农村的主要产业是农业，在农业中，主要是进行粮食生产，因而会形成单一的农业和单一的粮食结构。但随着生产力的发展，商品经济会打破之前的自然经济的封闭状态，逐步发展林业、牧业、副业和渔业等多个产业，进而改变了完全单一种植粮食作物的局面。随着生产力水平的进一步发展，农村的工业、商业、交通运输业也会获得相应的发展，进而影响整个产业结构的组成。

3. 社会需求结构

社会需求结构的变化，也会引起产业结构产生相应的变化。在现实生活中，不同产业的发展速度、发展水平都与社会需求结构有关。一般情况下，如果社会对某种产业的需求量较大，那么该项产业的生产就会相应得到较快发展，反之，则会发展缓慢甚至不发展。

此外，一个国家的社会、历史、文化背景，重大技术经济政策，国际环境等也会影响产业结构。由于各个国家、各个地区的情况不同，不同因素对产业结构的影响大小也不同，因此在现实生活中，必然会出现多种多样的产业结构形式。

(二) 产业结构优化

产业结构优化是指人们按照产业结构的演变规律，通过产业调整，充分发挥各个产业部门在社会生产体系中的作用，使资源得到合理、有效利用，使各个产业实现协调、均衡发展，使国民经济获得可持续发展

第一章 农业基础理论

的过程。产业结构的优化并不是指产业结构水平的绝对高低，而是指为了实现社会生产的高效率，将各个产业部门调整到与国家或地区生产力发展水平、经济发展阶段、资源条件及国际环境等因素相适应的一个最佳比例与状态。

产业结构优化主要包括产业结构的合理化、产业结构的高度化以及产业的均衡发展等方面（图1-8）。

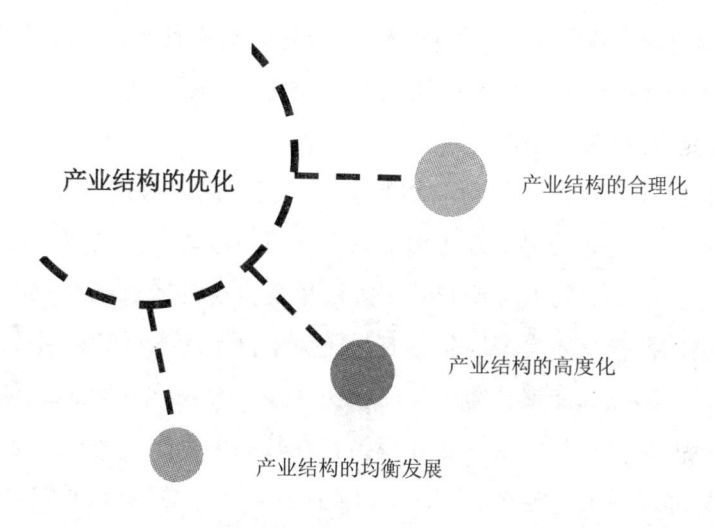

图1-8 产业结构的优化

1. 产业结构的合理化

产业结构的合理化主要是指产业与产业之间的协调能力不断加强、关联水平不断提高的动态过程。产业结构合理化能够使经济持续稳定增长，促成人口、资源、环境的良性循环。产业结构合理化，实质就是产业结构的聚合质量和协调质量的合理化。产业结构合理的关键在于产业之间是否有较高的聚合质量。[1]聚合质量反映了产业结构的基本特性、整体素质以及系统效率。另外，产业之间的协调是产业结构合理化的中心

---

[1] 周振华. 产业结构优化论[M]. 上海：上海人民出版社，1992：105.

内容。产业结构的协调不是指产业间的绝对均衡,而是指各产业之间有较强的互补和谐关系和相互转换能力。只有强化产业间的协调,才能提高其结构的聚合质量,从而提高产业结构的整体效果。

一般来看,判断一个国家或地区的产业结构合理化的标志主要包括以下几点:第一,充分合理地利用资源和市场。资源是产业形成与发展的基本条件之一,实现产业结构的合理化,需要充分合理地利用各项资源。合理化的产业结构,往往能够充分合理地利用资源,实现长期发展。同时,在开放的经济条件下,国内外市场处于不断变化当中,合理化的产业结构应能够适应不断变化的市场。第二,各个产业部门之间相互协调。既包括物质生产部门与非物质生产部门之间的协调,又包括农业、工业和服务业之间的协调,还包括生产部门与流通部门之间的协调,等等。总之,产业之间的协调与否,关键是要看经济增长过程中各个部门间产品供求衔接是否良好,是否有力避免了供不应求或者供过于求等现象的发生。第三,能够获得最佳的经济效益。合理化的产业结构,不仅意味着产业结构整体的最终产业率维持在较高的水平,还说明部门间的消耗系数降低到了一定水平,各个产业能够与社会总需求的结构相适应,以实现国民经济的持续、稳定、协调发展。

2. 产业结构的高度化

产业结构的高度化,是指建立和实现高效益的产业结构的过程。产业结构高度化是一个动态的过程,是在既定的产业生产力条件下,通过产业结构的调整和不断高度化的组合,尽可能地合理组织既有生产要素,使资源得到最有效的利用,从而更高程度地提高经济效益的过程。

3. 产业结构的均衡发展

产业结构优化的标志还包括产业结构的均衡发展,它既包括各产业比例关系的静态协调,又包括各产业增长速度的动态协调。产业结构的均衡发展要求人们处理好第一、二、三产业之间的关系,实现农业与其他产业的均衡发展、环境与产业的均衡发展。第一、二、三产业及产内部的比例关系要互相适应，要符合经济运行过程的内在要求，第一产业中的农业是国民经济的基础，也是其他产业的基础。农业是为人们提供主要生活资料的物质性生产部门，如果没有农业，也就谈不上人类生产和整个社会的发展。因此，在强调国民经济发展的过程中还应重视农业的基础地位，确保农业在国民经济体系中所占的比例。各产业增长速度的动态协调，并不是指各产业保持一致的增长率，而是指各产业的发展要符合发展速度演变的规律，适应产业与产业之间平衡与不平衡增长相统一的趋势。另外，还应实现环境与产业之间的均衡发展，环境之中的土地、水、矿物等自然物质资源和以空气、土地、水、阳光等为基本要素的自然生态黄金，是人类赖以生产和发展的重要物质基础。在调整或者优化产业结构时，应注重自然生态环境的保护，谋求实现产业的发展与环境保护的协调均衡。

三、农业产业化经营

（一）含义

农业产业化经营是以市场为导向，以经济效益为中心，主导产业、产品作为重点，对各种生产要素优化组合，采用区域化布局、专业化生产、系列化加工、规模化建设、企业化管理、社会化服务，发展种养加工、产供销、贸工农、农工商、农科教一体化的经营体系，引导农业走上自我发展、自我积累、自我约束、自我调节的良性发展轨道的一种现代化经营方式与产业组织形式。[①]

农业产业化经营是在家庭承包经营的基础上，适应现代市场经济发展的一种农业经营模式。农业产业化经营是引导分散的农户小生产转变为社会化大生产的有效组织形式，它涉及农业生产前、生产中、生产后的全过程，能够将农业与其他相关产业融合为一个有机的整体。

---

① 陈池波.农业经济学[M].武汉：武汉大学出版社，2015：71.

(二)特征

与传统农业经营方式相比,农业产业化经营主要具有以下几点特征(图1-9):

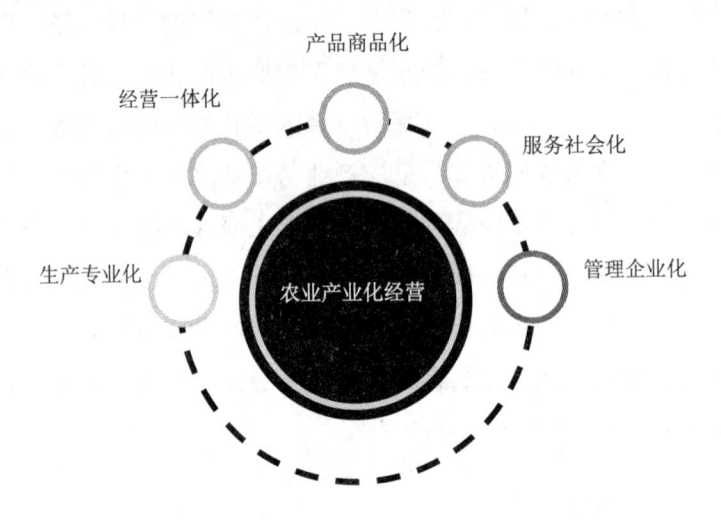

图1-9 农业产业化经营

1. 生产专业化

生产专业化主要指在农业生产中坚持专业生产、专业管理、专业经营、定向服务的生产形式。农业专业化生产项目和产品种类的数量并不会很多,而是趋向少数的某项专业经营。有时一个地区的大多数企业集中进行农业生产,形成专业化的生产区,这就是生产专业化的一种表现形式。因此,从这一层面看,生产专业化是农业产业化经营的主要特征之一。农业生产专业化有利于充分利用各种资源和自然条件,有利于采用先进的科学技术,降低生产成本,提高产品的产量和质量。

2. 经营一体化

经营一体化是指围绕某一主导产品或主导产业,将农业生产的产前、产中、产后等环节连接为一个有机的整体,实现产供销一条龙、贸工农一体化的综合经营。农业经营一体化的规模效应明显，技术发达，劳动的社会性质日益接近工业生产原则，农产品的规格和质量标准化，能够有效地推动农业产业化的发展。

3. 产品商品化

农产品作为一种商品在市场当中进行流通，便是产品商品化的一种具体表现。而农业产业化经营中的产品商品化是指在农工商综合经营模式下，产品的生产率和商品化程度都较高，商品流通渠道通畅，商品经济高度发达。

4. 服务社会化

服务社会化主要指将分散的个别生产转变为互相联系的社会生产过程。而农业产业化经营的社会特征主要表现在建立社会化的服务体系，加强农业的生产、加工、流通等再生产环节的内在联系，提供技术、信息、资金等全程服务，促进各生产要素紧密地结合与运行。

5. 管理企业化

农业产业化经营的重要特征还表现在管理企业化，即用管理企业的方法经营和管理农业，使各农户的生产及其产品逐渐走向规范化和标准化。这就要求人们以市场为导向，根据市场需求安排农业生产经营计划，将农业生产作为"车间"或农业产业链的第一环节来进行科学管理，从而提高产品质量、增加产品数量，实现高产、优质、高效的管理目标。

（三）构成要素

农业产业化经营的构成要素主要包括龙头企业，专业化、规模化生产基地和主导产业（图1-10）。

```
         龙头企业              主导产业
              农业产业化经营
                构成要素

          专业化、规模化生产基地
```

图 1-10　农业产业化经营构成要素

1. 龙头企业

农业产业化经营的核心在于将农业转化为一条或者若干条产销一体化的龙型经济。龙型经济的发展，关键在于龙头企业的规模、水平和职能作用的发挥。因此，建设龙头企业，对于实施农业产业化经营有着十分重要的作用。农业龙头企业是以农产品加工或流通为主，通过各种利益联结机制与农户联合，使农产品的生产、加工、销售有机结合、相互促进，在规模和经营指标上达到规定标准并经政府认定的企业。[①] 龙头企业的经营活动以农产品为基础，其能够弥补农户分散经营的劣势，与基地农户结成利益共同体，使农业与社会化大市场形成有效对接，利用企业优势进行农产品加工和市场营销，进而形成农业产业化经营。龙头企业能够适应复杂多变的市场环境，具有较为雄厚的资金、技术和人才优势。龙头企业能够改变传统农业生产自给自足的模式，采用工业发展理念经营农业，能够加强人们的专业分工和市场意识，为农户提供生产技术、人才培训、金融服务、农资服务等生产性服务，促进企业与农业之间的利益联结，提高农业经济效益，促进农业可持续发展。

---

① 张韶斌，孟海英，李洁. 农村产业融合发展 [M]. 济南：济南出版社，2020：269.

第一章 农业基础理论

龙头企业与农户的利益联结机制主要包括"龙头企业＋农户""龙头企业＋基地＋农户""龙头企业＋中介组织＋农户"等类型。"龙头企业＋农户"是出现最早，也是目前龙头企业与农户结成产加销一体化中最为普遍的一种形式。这一形式是围绕一项或多项农产品，与农户建立合同制或契约制的关系，因此其还被称为"订单农业"。也就是说，企业通过规范化的购销合同与农户建立相对稳定的购销关系，形成利益共享和风险承担的机制，企业为农户提供种植或养殖方面的技术信息服务，从而使双方都能获得较为稳定的收益。但是在这种利益联结模式中，农户与龙头企业的地位并不完全对等，由于缺乏中介组织，农户只能单独与龙头企业进行谈判并签订合作协议，而龙头企业不仅具有充分的市场信息，还具有较强的谈判能力，处于优势地位，他们可能会出于利润最大化的考虑而压低协议价或因价格过高而拒收。出于自我保护，农户不履约的风险也较高。

"龙头企业＋基地＋农户"这种模式主要通过农村土地流转的方式，将农户与龙头企业的利益联结在一起，建立标准化、规模化、现代化的农业生产基地，形成"龙头企业＋基地＋农户"的生产模式。土地流转主要按照依法、自愿、有偿的原则进行，农户可以通过土地转包、出租、入股、交换、转让等方式将土地流转给龙头企业或种养大户，以入股分红或收取租金的方式获得基本利润，参与土地流转的农户还可以优先进入企业务工，成为农场工人，从而获得额外收入。这种形式是当前龙头企业与农户实现利益联结的重要方式，能够推动农业产业结构调整，推动产业化经营和特色产业的快速发展，促进劳务经济的发展，帮助企业走向标准化生产和规模化发展，实现企业与农户的双赢。

"龙头企业＋中介组织＋农户"模式中的各方在产权上相互独立，联合经营依靠信誉维系，产品供需通过市场买断方式衔接，价格随行就市，一般没有硬性约束或优惠措施。在这种模式下，龙头企业、中介组织和农户之间不是简单的买卖关系，龙头企业或中介组织除保证农产品的购销以外，还要为农业生产提供各种服务和技术，尤其是及时推广农业科技新技术，使农民增产增收。这种形式中的中介组织是双方的委托代理人，起到十分重要的协调作用，它可以是各类农民专业合作组织、技术协会，也可以是供销社、农民经纪人等。作为联结龙头企业和农户的纽带，中介组织主要负责协调处理两者之间的关系。一方面，中介组织受龙头企业的委托，规范农户的行为，使其按照企业的标准和要求进行生产，保证原料供应的数量和质量。另一方面，中介组织又受农户的委托与龙头企业进行谈判与协商，最大限度维护农户的利益，并为农户提供产前、产中、产后的系列化服务，通过农民组织化的形式实现规模经营和规模效益。也正因此，中介组织在处理其与农户的关系，保障农户承担组织规定的责任方面具有一定的难度；同时如何处理中介组织与企业之间的关系，既维护农民的利益，又保障企业的需求也是需要重视的问题。这两组关系的维系不仅仅需要依靠章程或合同的强制性约束，更需要三方之间加强信任与沟通，加强合作与协调，从产业链条的整体和长远出发来考虑得失，避免各自为政。

无论形成了何种利益联结机制，龙头企业在农业产业化经营当中，都会发挥出一定的功能，比如开拓市场、疏导生产、深化加工销售服务等。在开拓市场方面，龙头企业具有一定的生产规模优势，在经营过程中占有一定的区域性市场份额，成为区域性的信息和价格形成的重要源头。同时，龙头企业在与其余企业开展联合与合作时，还能够为农产品及其加工品的发展拓展一定的空间。在疏导生产方面，龙头企业不仅可以通过研究市场，分析市场信息，将准确的信息传递给农户，并按照市场需求情况要求来组织生产，带动结构调整，决定种什么、种多少，达到一定的质量要求，还可以凭借自身规模优势、实力优势，向农户提供资金、技术、设备等生产要素，推动农业经济的发展。在深加工方面，可以通过龙头企业实现农产品的深加工，增加农产品的附加值，增加农户收入。在销售服务方面，龙头企业可以直接向农户收购初级产品并直

第一章 农业基础理论

接投放市场,也可以通过加工转化再进行销售。无论哪种方式,都能够有效避免单个农户直接面对市场,独自承担市场风险,有助于促进市场体系的完善。

要想真正发挥出龙头企业的合理功能,不仅要鼓励龙头企业在硬件设备、农业技术上有所创新,还要鼓励龙头企业创办一些科研机构或者与专业的科研机构进行合作,围绕技术开发、产品开发等方向开展技术攻关,使龙头企业的生产技术、研发技术走在市场前沿,促进科研成果的转化与应用,成为推动农业科学技术发展的重要主体。同时,可以鼓励科技工作者、管理工作者进入龙头企业,为龙头企业出谋划策,促进农业经济的发展。

2. 专业化、规模化生产基地

生产基地是农业产业化经营的重要环节,是龙头企业的支撑和农户的联结纽带。做好基地建设,对于农业产业化经营有着重要的意义。生产基地是指围绕龙头企业或市场建立的、联结多个农户、以某种产业为主导的专业生产区域。从概念上可以看出,生产基地的产品更为专一,特色更为突出。生产基地是农业产业化经营区域化布局的一种具体表现形式,因此,建设生产基地必须遵循地区分工的要求,按照区域化布局、集约化经营、系列化服务、法治化保障等原则进行建设。首先,建设生产基地,应根据当地资源优势,突出区域特色,进行合理布局,集中连片形成一定的商品生产基地,围绕主导产业形成与资源特点相适应的区域经济格局。其次,要注重向规模经营和专业化方向转变,实现生产要素与发展适度规模经营相结合,提高经营集约化程度,扩大商品批量,提高商品生产率。再次,要围绕基地建设,加强服务组织和服务设施建设,将龙头企业、经济技术部门、乡村社区性组织的服务结合起来,从技术、信息等方面为基地提供有效的服务。最后,还应健全生产基地的法律保障体系,使基地建设走向法治化、规范化道路。

此外,技术先行在基地建设方面也十分重要。现代化的生产技术和管理技术，不仅能有效提高农产品的数量与质量，还能在一定程度上降低基地的生产成本，进而有效提升农产品的市场竞争力。

3.主导产业

主导产业是农业产业化经营的主要载体，只有确立了主导产业，才能调整农业产业结构，才能合理选择与优化农业资源，才能占据市场优势。确定主导产业，需要充分利用当地资源，重点培育在当地农业经济构成中占有一定份额、具备一定规模和发展条件，或者经过短期培育扶持，能够形成较为稳定的产业规模的农产品加工企业。也就是说，通过继续巩固提高传统产业，通过推广新品种、新技术，提高产品的科技含量，扩大生产规模，延长产业链，形成产业系列。此外，还可以选择能够代表技术进步方向，推动地区外向型经济发展，具有较大的国内外市场容量，经济、社会和生态效益显著的产业，并对其进行重点培养，使其逐步发展形成区域主导产业。

总之，龙头企业、生产基地、主导产业是农业产业化经营的3大要素。要想实现农业产业化经营，首先要确定主导产业，实行区域布局，并依靠龙头企业的带动作用，发展规模经营，实现市场牵头、龙头带动基地、基地连接农户的生产经营方式。

四、农业产业结构的调整、优化

（一）农业产业结构调整、优化的原则

农业生产结构调整、优化应遵循面向市场、因地制宜、尊重农民主体地位、坚持可持续发展四项原则（图1-11）。

第一章　农业基础理论

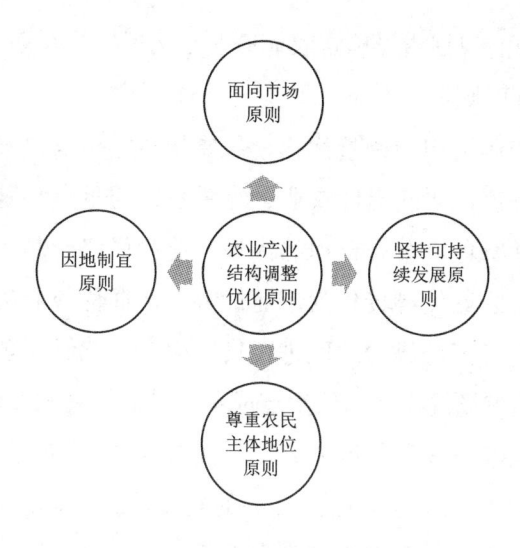

图 1-11　农业产业结构调整优化原则

1. 面向市场原则

农业产业结构调整优化必须面向市场需求，根据市场需求确定生产设备和生产量。面向市场，不仅要面向本地市场，还要面向区域市场、全国市场乃至世界市场。目前，市场对农业发展的作用日益增强，如果只顾生产、不顾市场，生产与市场严重脱节，那么就背离了农业产业结构调整优化的初衷，就无法促进农业产业化的发展，更无法巩固农业在国民经济中的基础地位。只有充分了解和掌握市场，才能有效地利用市场，才能真正促进农业经济的发展。遵循面向市场原则，并不是完全迎合市场，也不是完全由市场调整农产品的供需关系，而是要在政府主导的基础之上，把握市场机制，定位农业结构调整的目标和方向，制定符合当地环境条件和经济发展水平的农业产业模式。不能仅看到市场上某种或某些农产品价高好销，就不顾当地的具体条件一哄而上，也大量生产这些农产品。这种跟着市场后面转的做法，具有很大的盲目性。另外，政府也应在市场当中发挥好监管与调节作用，制定出科学的产业结构调整规划，充分考虑国内外、区内外市场需求变动，深入分析当地的优势与劣势，以合理的规划指导确定农业产业结构近期、长期调整目标。

2.因地制宜原则

推进农业产业结构的调整优化，需要从实际出发，发挥当地资源优势，突出本地特色，明确当地农业、经济发展的重点和基本方向，合理配置，发展各具特色、布局合理的优势产业和优势产品，形成区域性主导产业，进而将区域优势转化为产业优势。选择优势农场，在能够发挥自然资源和社会经济优势的地区进行集中生产，能够实现较高的生产水平，形成较大的市场规模，降低生产成本，进而提高农业的核心竞争力。

（1）因地区经济发展状况制宜。虽然农业产业结构的调整与优化在任何区域都可以实施，但从经济发展的角度看，不同地区在产业形式、产业规模、经济发展水平等方面都有着很大的不同，所以在对农业产业结构进行调整优化时，需要考虑当地的经济发展状况，构建起与当地经济发展相匹配的农业产业结构模式。

（2）因农产品区域化布局制宜。农业产业结构的调整与优化，并不是简单地调整种植面积和数量，优化更新产品品种，而是要在整体上促进农产品质量调优、市场竞争力增强、经济效益调高。根据当地农产品的特点，充分发挥各地农业的比较优势，扩大适合本地发展且具有市场竞争力的农产品生产，逐步形成相对集中的农场区域化布局，并据此调整优化，形成各地农业产业互利互补的新格局。

（3）因当前市场容量情况制宜。在调整和优化农业产业结构时，应充分考虑当前市场容量情况，不能脱离实际盲目扩大，避免不必要的资源浪费与成本支出。

3.尊重农民主体地位原则

尊重农民主体地位，是实施农业产业结构调整优化的重要原则之一，这是因为在市场经济条件下，农业是独立的商品经济主体，农民是自负盈亏的商品生产经营者，他们有权对生产什么、生产多少以及如何生产等问题进行自主决策，并独立承担决策的风险和负责生产经营活动的盈亏结果。同时，以家庭承包经营为基础、统分结构的农村基本经营制度，赋予了农民的生产经营自主权，在法律上确定了农民的生产经营主体地位。农业结构调整优化的方案要依靠广大农民具体实施，没有民众的广泛参与和积极配合，农业产业结构的调整优化便无法实行。只有充分尊重和维护农民的主体地位，有效调动农民的积极性和创造性，才能构建农业产业化结构，实现农业经济的发展。

尊重农民主体地位，就要尊重农民的土地承包权、生产决策权、自主经营权、产品处置权和经营收益权，维护农民的基本权利不受侵犯。帮助他们分析市场行情、提供技术服务，不能违背农民意愿，侵犯农民自主权，挫伤农民的积极性。

4.坚持可持续发展原则

农业产业结构的调整优化是一个复杂的系统工程，无法在一朝一夕间完成，因此必须结合资源条件和现实状况，以实现农业可持续发展为基本准则。在农业产业结构调整优化中，要充分挖掘当地原有的优势资源，在做好整体规划的基础上，有步骤、分阶段地把农业产业结构调高、调优。必须考虑好调整方向之后再进行后期产业的发展，不能为了追求一时的经济效益，使农业产业结构的调整与优化流于形式，流于表面。同时要立足长远的发展目标，在对产业结构进行调整优化时，注重保持生态环境的平衡，使农业产业结构的调整与生态效益、经济效益、社会效益实现有机结合，促进农业、经济、社会、生态环境的协调发展。

（二）农业产业结构调整、优化的措施

1.完善基础设施，推进农业产业化经营

农业基础设施建设是调整优化农业产业结构的基本保障，因此应重视以水利、土地整理为重点的农业基础设施建设，加大以交通、供水、供电、通信为重点的农业生产生活设施建设，增强农业抵御自然灾害的能力，全面提高农业基础设施条件。另外，农业产业化经营是调整优化农业产业结构的重要途径。农业产业化经营是实现农村经济发展、农民增收的重要渠道，也是实现乡村振兴的必然选择，农业产业化经营能够将较为分散的农业经营者集中起来，并使其与市场的联系更为紧密，有利于提高农业市场化程度，深化农业分工，加快农业现代化步伐。为进一步推进农业产业化经营，一方面，需要大力发展标准化生产基地，依托龙头企业、合作社、家庭农场等农业经营主体，以提高劳动生产效率、加工增值率为目标，加大建设管理力度，重点扶植一批优势产业，建设一批具有一定规模、生产技术基础良好的生产基地，为深化农业产业化经营奠定基础。另一方面，还应优化农业产业布局，形成产业优势。根据自然条件、资源禀赋、产业特点等因素对农业产业结构进行合理规划，构建多模式并举、多主体参与、多业态打造的多元化产业格局；在有旅游资源优势的区域，重点发展乡村观光旅游休闲产业、农村电商产业、农产品加工业和农业生产服务业等；没有旅游资源优势的区域也可以依托本地实际情况，培植本地的特色产品和优势企业，大力发展优质高产、高效生态农业和特色农业，形成具有竞争力的产业体系。总之，要结合本地实际情况，以市场为导向、以效益为中心、以农村专业户和专业村为实施载体、以农副产品加工企业为龙头，建立起"公司＋基地＋农户"的一体化经营模式，逐步推进农业产业化进程。

2. 加强农业科技创新，提供重要技术支撑

农业科技创新，是调整优化农业产业结构的重要技术支撑。应重点开发与当地农业相符、可应用的农业技术，特别是生物技术和新能源技术，通过农业技术的应用对农产品进行深加工，提高农产品的质量和效益。以优质化、专用化农产品品种的选育及良种产业化为突破口，大力开展改善品质、提高质量、节本增效的技术研究，提高优质农产品率和商品率，不断增加农产品的科技含量。还应重点研究降低成本与节约资源的农业技术，建立持续高产、优质、高效的农业技术体系，不断提高常规农业技术的科技含量，大力发展以生物技术、信息技术、设施农业

等内容为基础的农业高新技术。具体实施时，可以先培育一批科技型龙头企业重点探索农业科技创新，在企业内部形成有利于农业科技成果转化的体制和机制，通过创新、开发、推广应用的经营模式，增加农业技术创新的有效供给，使企业真正成为农业技术创新的主体。另外，也可以通过加强农业科技的宣传、教育和推广，建设完善的农业科技服务平台，促进科技成果转化。

3. 提高农产品质量，加强与市场的联系

农业产业结构调整优化的关键在于提高农产品质量，质优是增强农业市场竞争力的核心。在考虑当地实际情况的基础上，适应市场需求，不断优化农产品品种和品质结构，实现农业产业结构的优化升级。另外，要将农业产业结构调整优化的重点放在农产品销售上，减少盲目性，提高经营效益；要从当地实际情况出发，积极组织人员调查了解市场，将产销有效衔接起来，真正发挥农业产业结构调整的实际效果。

第五节 农业现代化的分析

一、农业现代化概述

（一）基本内涵

从实质上看，农业现代化主要指利用现代工业、现代科学技术以及现代经济管理方法等手段，实现从传统农业向现代农业的转变过程。农业现代化在不同的发展阶段有着不同的内涵，就目前来看，农业现代化不仅包括农业生产手段现代化、农业生产技术现代化，还包括农业经营管理现代化、农业生产可持续化等内容（图1-12）。

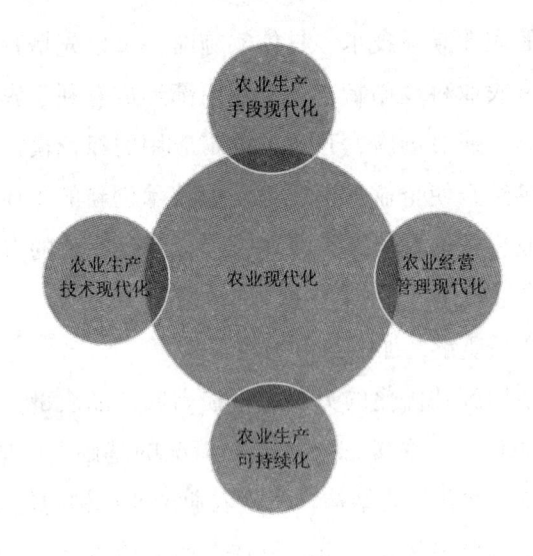

图1-12　农业现代化的内涵

农业生产手段现代化，简单来说，就是运用现代生产工具和现代工程设施进行农业生产活动，以提高农业劳动生产率的过程。农业生产手段现代化是农业现代化的基本内容，也是发展农业生产和促进乡村振兴的一个重要途径。农业生产手段现代化可以改变农业生产手段低效率、低效能的不良状况，能够进一步缩短农业作业时间，提高农业作业质量，实现增产增收的目的。在当代社会，农业生产手段现代化并不只是强调运用机械化、电气化的现代生产工具，还强调实行山、水、田、林、路等生产要素的综合治理，营造良好的生态环境，建立合理的生态平衡系统。农业手段的现代化不应以破坏生态环境为前提，而是要促进实现人与自然的和谐共生。

农业生产技术现代化是指在农业生产活动中广泛运用先进的农业科学技术成果，以科技促生产的过程。通过运用科学技术，可以调控动植物生产所需要的环境条件，利用各种自然力，改善动植物自身状况，提高农业生产的效果。农业生产技术现代化是提高农产品数量与质量、提高产品市场竞争力、实现经济与生态平衡的主要途径，现代良种技术、高效低毒低残留的农药、现代耕作与栽培技术、电子信息技术、现代生物技术等现代技术的运用，能够在很大程度上降低农业生产成本，实现高产、优质、高效的粮食供应。另外，科学的栽培管理制度也是农业生产技术现代化的一种具体表现，比如因地制宜，合理密植，合理布局，合理间作、套种，将用地和养地相结合，不断提高光能和土地利用率，实现农业生产技术现代化。

农业经济管理现代化就是按照现代农业生产的客观要求，建立科学、合理的经济组织和经济结构，运用现代管理方法和先进管理技术来管理农业生产、经营、销售等经济活动的全过程。农业生产的经营管理涉及农业的各个环节，经营管理不善，必然影响农业的生产效率和市场化进程，阻碍农业生产的发展，进而影响整个农业现代化的进程。因此，应不断改进农业经营管理体制和管理方法，协调好农业生产各部门之间、农业生产过程各环节之间的关系，使各种生产要素都得到科学合理的配置，提高农业的劳动生产率和整体竞争力。农业经济管理现代化主要表现在以下3个方面：一是农业生产组织科学化，比如合理利用人、财、物，科学地组织农业生产力，建立合理的分工协作体系，建立合理的农业产业结构等。农业生产组织科学化不仅有助于完善农业管理信息，还有助于农业发展。二是农业经济管理方法现代化，比如建立适用于现代化大生产的经营管理体制和经济管理制度，运用经济预测原理、系统工程原理以及投入产出方法等对农业生产进行技术经济评价，使农业生产按照预定的目标发展。三是农业经济管理手段现代化，比如运用电子计算机、遥感技术、通信网络等工具，对农业生产进行科学高效的经济管理。

农业生产可持续化是农业现代化发展的重要内容和主要趋势，主要指人们在农业生产活动中，自觉维持生态良性循环，不滥用自然资源，兼顾当前利益和长远利益，合理地利用和保护自然环境，使得农业与生态达到最优化配置，生态与经济实现良性循环的过程。

为实现农业现代化，首先要从思想认识上真正重视农业，坚持创新、协调、绿色、开放、共享的新发展理念,坚持以市场为导向的基本原则,运用现代经营的发展理念,处理好农业与市场之间的关系。同时,应建立起完善的现代产业体系,选择好农业主导产业,适时调整农业企业结构,在稳定粮食基本生产的基础上,进一步发展农产品初加工和深加工工作,依托互联网优势促进农产品流通业的发展。

(二)主要目标

1.建立现代化农业产业体系

现代化农业产业体系是农业产业纵向延伸和横向拓展的有机统一,重点解决农业资源要素配置和农产品供给效率问题,它是现代农业整体素质和竞争力提升的显著标志,是农业现代化追求的主要目标之一。建立现代化的农业产业体系,应立足当地各种资源条件,培育主导产品,优化区域布局,大力推进农产品产业带的建设,特别要重视发展大田种植业、特色园艺业和特种养殖业。同时,建立现代农业产业体系,还应以市场需求为导向,推进农业供给侧结构性改革,调优、调高、调精农业产业,提高农业产业的整体竞争力,促进农民增收。

具体来看,构建现代农业产业体系应重点从以下几个方面入手(图1-13):

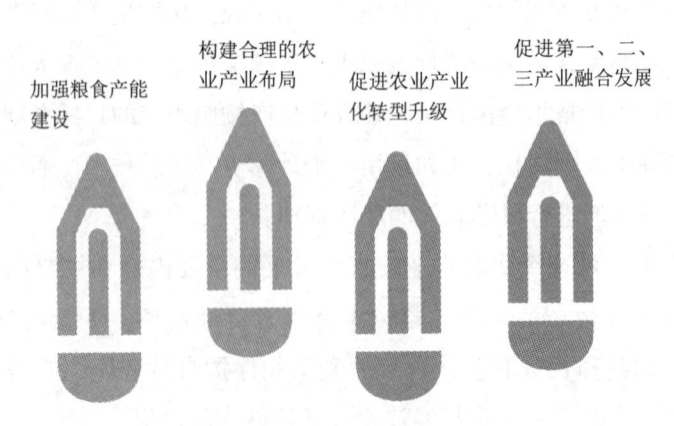

图1-13 构建现代农业产业体系

（1）加强粮食产能建设。优化调整农业种植结构，以保证粮食基本自给、国家粮食安全为基本准则，加强粮食主产区和粮食功能区建设，稳定粮食播种面积，稳定和增加粮食产量，切实提高农产品供给体系的质量和效率。在农业生产活动中，要严格保护耕地，坚守生态红线，规范耕地占补平衡，科学实施耕地开垦改造，构建节约高效、承载有力的农业生态保护体系。

（2）构建合理的农业产业布局。根据农业产业发展规律，结合农业生产实际，确定农业主导产业，积极扶持壮大一批龙头企业和新型集体经济组织，通过鼓励农民家庭适度规模经营、引进各类经营业主流转土地经营等方式，大力发展农业衍生功能，如科技农业、信息农业、装备农业、都市现代农业等，带动农民增收致富，引导农业健康发展。

（3）促进农业产业化转型升级。现代农业产业体系，不仅是农产品的种植模式、种植结构的变化，更重要的是经营模式和组织模式的深刻变革。因此，要激活农业产业内生动力，充分利用资源优势和产品品质，有效提升农产品的消费业态，促进农业产业化转型升级。在大力发展农业龙头企业的基础上，带动农业原料工厂、加工车间、农民专业合作社的建设，切实推动农业全产业链建设，积极推进农业经营方式和组织模式的创新，引导农户、加工企业和市场有效对接，大力改善农村发展环境。

（4）促进第一、二、三产业融合发展。促进第一、二、三产业融合发展，围绕农业资源禀赋，重点发展农产品加工业，延长农产品产业链，提高农产品附加值，是构建现代农业产业体系，实现农业现代化和乡村振兴发展的重要手段。因地制宜地发展农村新产业新业态，培育农业农村发展新动能，提高农业综合效益和竞争力。同时，要积极鼓励科研机构和高等院校与农业企业合作，不断推进农业科技创新，解决农业企业人才不足的问题，协助农业企业打造农产品品牌，增强农业企业活力。

总之，现代化农业产业体系的建设，是一项艰巨且复杂的任务，它需要统筹协调多方面力量，通过采取各种有效途径实现农村第一、二、三产业的耦合发展。

2.实现乡村振兴和农村发展

农业现代化发展的目标还包括促进实现乡村振兴和农村发展。农业现代化不仅可以促进农村剩余劳动力在城乡之间的转移，拓宽农民的增收途径，促进城乡之间协调与融合发展，还能改变传统小农经济自产自销的发展模式，促进农业规模化经营。因此，要紧抓市场趋势和乡村实际情况，找准农业产业定位和发展方向，为乡村振兴提供持续的经济活力。为实现乡村振兴战略目标，应以农村供给侧结构性改革为主线，全面落实永久基本农田特殊保护制度，建立健全质量兴农评价体系、政策体系和考核体系，提高农业创新力、竞争力和全要素生产率，提升农业现代化发展质量。

3.构建友好的农业生态环境

生态环境是农业生产发展必不可少的自然条件，良好的生态环境对促进农业绿色发展具有积极的推动作用。农业现代化发展不能以破坏自然生态环境为代价，应按照农业环境的特点和自然规律，合理开发利用和保护农业资源，构建友好的农业生态环境，采用集约化的经营方式促进农业现代化发展。

（三）重要标志

1.农业经济结构现代化

农业经济结构现代化是指农业经济结构成为具有现代特点、符合现代需要的动态发展和持续进步的状态。这里的农业经济结构主要包括农业经济关系结构和农业生产力结构。农业经济关系结构包括产品的地区布局，农业基本建设，积累和消费的关系，农、林、牧、副、渔和乡镇企业等物质生产部门的构成及相互关系。农业生产力结构包括农业部门结构、农业经济区域结构、农业技术结构等。

第一章　农业基础理论

从不同的角度看，农业经济结构现代化有着不同的含义。根据内容划分，农业经济结构现代化包括农业产业结构现代化、农业区域专业化以及农区城乡结构现代化。农业产业结构现代化主要是指农业产业结构比例协调，第一、二、三产业结构平衡。农业的现代化可以通过农业资源的有效利用、加速农业规模经营、提高农业劳动生产率等措施来实现。农业区域专业化是指区域根据气候差异和地理特点，将整个地区划分为不同的农业区，在一定区域范围内，人们主要生产一种或几种具有优势的农产品。实现农业区域专业化不仅有利于发挥区域优势，还有利于实现农业生产的商品化。一方面，农业区域专业化，可以充分合理利用各地的土地、气候等自然资源，在同等投入的情况下产出更多、更优质的农产品，从而保障较高的农业生产率。另一方面，农业区域专业化，可形成批量生产，并保障较高的农业商品率。此外，农业区域专业化还便于统一选用优质高产的品种，统一推广先进的种植、养殖技术，统一采取科学的防治病虫措施，统一采用高效的农业机具设备，促进实现农业技术的现代化。农区城乡结构现代化是指城镇人口与农村人口长期保持与经济社会现代化要求相适应的比例关系的发展过程，表现为合理有序的人口流动、人口迁移和人口城市化的发展过程。

从集约化程度看，农业经济结构现代化应该是追求农业经济结构由粗放型结构向集约型结构发展。我国农业结构合理化和现代化的道路，应当是充分发挥我国精耕细作的传统优势，把机械技术和生物技术结合起来，走劳动密集、知识技术密集和资金密集相结合，同时以前者为主的集约经营和生态农业之路。对此，依靠科技和教育改变农业经济发展的方式，必须稳定农业科学技术研究团队，加快农村现代科技化的经济改革，深入贯彻改革农村教育制度，使"农科教"紧密结合，不断提升农户的科学文化素养。同时，应建立健全的农业科技服务系统，大力支持各类农业专业技术社团和科技企业产业的发展，从真正意义上将农业的增产发展到主要依赖科技进步上来，进而实现农业经济结构从粗放型向集约型转移。

从商品化程度看，农业经济结构现代化应该是追求农业经济结构由自给自足型结构、半自给型结构向商品型、市场化结构发展。农业结构市场化是推动农业经济发展的原动力。在市场经济发展中，经济主体面临着市场的激烈竞争，生产者必须采取节约成本的生产，而生产的专业化和社会化则有利于降低成本，同时促进农业生产效率和技术水平的提高。农业结构的市场化有利于促进农业第三产业的发展，带动城乡之间的要素流动，使农业资源得到更为合理的配置，为农业经济发展积累一定资本。

2. 农业生产手段现代化

农业生产手段现代化就是在农业生产过程中，采用现代生产工具和现代工程设施来装备农业，以提高农业劳动生产率。从生产过程看，农业生产手段现代化可以分为农业生产现代化、农业采收现代化、农产品加工现代化、农产品销售现代化以及农业管理现代化等。从技术类型看，农业生产手段现代化可分为物理机械技术现代化和化学技术现代化。其中物理机械技术现代化主要包括农业机械化、灌溉水利化、动力电气化等，化学技术现代化主要包括生物良种化、肥料优质化等。

推进物理机械技术现代化，应适合农情和当地自然环境状况，允许地域区间、时间序列、规模精度的非同步，切实把握物理机械技术现代化发展的速度和覆盖面。推进物理机械技术现代化，应以最大限度提高土地生产率为主攻方向，改进农机具质量，提高作业精度，用高质量、高精度机械促进和发展农业生产的精耕细作。

推进化学技术现代化，既要与生态农业、有机农业、质量兴农、绿色兴农等发展目标相协调，又要注重建立以有机肥为主、化肥为辅的施肥结构，逐步减少化肥的使用，使农业具备环境生态健全、生产条件投入长期稳定、作物持续高产的现代有机农业机制。此外，推进化学技术现代化，还要注重高产品种的农业生态特性，按现代有机农业理念选育新一代高产优质品种，争取实现产量、质量、效益、生态、环境的"多赢"。

3. 农业基础设施现代化

农业基础设施是农业生产中重要的物质技术条件，也是确保社会产品扩大再生产顺利进行的物质保障，它的现代化水平决定了农业经济发展的状况。农业基础设施现代化主要是指与农业生产相配套的灌溉、电力、交通道路、田间设施等要达到相对完善的水平。要想实现农业现代化，就应全面整治和完善农业基础设施，建立适合当地实际、设施配套、功能齐全的机电排灌设施和农田水利工程体系，营造能够有效保持水土的绿化屏障，大幅增强农业抗御旱、涝、风、冻等自然灾害的能力，使其形成稳产高产的农田自然环境保障体系。

4. 农业科学技术现代化

农业科学技术现代化就是在农业生产经营过程中，广泛采用先进适用的农业科学技术、生物技术和生产模式，改善农产品的品质、降低生产成本，以适应市场对农产品需求优质化、多样化、标准化的发展趋势。农业科学技术现代化是实现农业现代化的关键，现代农业的发展过程，实质上是先进科学技术在农业领域广泛应用的过程，是用现代科技改造传统农业的过程。我国是一个农业大国，要依靠科学技术的进步振兴农业，一方面结合精耕细作的农业经验，发掘、提炼和推广行之有效的农业科学技术；另一方面，积极研究和推广现代农业科学技术，加强农业科学技术管理，促进农业生产的发展。

5. 农业经营管理现代化

农业经营管理现代化是指要用经营管理科学为指导来经营和管理现代农业经济，实现管理组织的现代化，管理方式和管理方法的现代化，管理手段的现代化。农业经营管理是对农业整个生产经营活动进行决策、计划、组织、指挥、控制和协调，并对农业生产经营者进行激励，以实现其任务和目标等一系列工作的总称。农业经营管理现代化，需要不断完善农业经营制度，确定农业经营目标和项目，提高农业经营管理和服务的效率，实现农业增收，促进农业生态环境的保护，实现农业的可持续发展。为实现这一目标，一方面，要广泛使用现代化管理手段和方法，合理布局农业生产，优化农业要素配置和经济结构；另一方面，还需要不断提高农业生产社会化水平，改进农业管理体制，实现农业经济市场化和效益最大化。

6. 农业服务现代化

农业服务现代化是指运用现代化的经济和市场手段，对农业生产总过程提供全方位、高质量、系列化的现代化服务。农业服务是与农业相关的社会经济组织为农业生产的经营主体提供的各种服务的总和，包括良种服务、农资服务、农技服务、培训服务、信息服务等。实现农业服务现代化，应认真做好农业产前、产中、产后各环节中的基本服务工作，逐步提高服务水平，确保农业生产的正常运转。推进农业社会化服务向农业的生产、交换、消费、信息、科技、社会保障等领域全面延伸，拓展农业社会化服务空间；健全完善国家、集体、个人多元化多层次的农业社会化服务网络体系，逐步将农业服务业建设成为一个独立的新兴产业。

7. 农业资源环境现代化

资源环境现代化是农业现代化建设的重要内容，也是农业持续发展的必然要求。在未来农业的发展中，持续发展将成为农业发展的主旋律，环境友好型农业将成为农业发展的主要方向。所以在农业现代化进程中，必须采用农业科学技术研制生物农业、生物肥料等生态化的农业生产要素，最大限度地保护环境，使农业生产向优质、环保、健康的方向发展。农业环境的好坏不仅决定着现代农业发展的可持续性和农产品质量，还决定着农业生态安全和农业现代化能否顺利展开建设。不仅要通过退耕还林、退耕还牧、封山育林、治理污染土壤等措施，加强退化生态系统治理恢复，提高农业环境质量，降低农业发展中的灾害风险，还要通过科技创新和科技进步，加强肥料管理、农业废弃物资源管理、水资源管理的科学化，提高肥料利用率及增产效益、养分循环再利用、水资源再利用率，充分利用现代生物技术，加快良种选育推广，普及科学栽培管理技术。

(四) *判断标准*

判断农业现代化水平的高低，需要建立起一个相对完备的评价指标体系。农业现代化是一个动态、不断完善、不断发展的过程，因此，在不同的发展阶段，在不同的地区建立的评价农业现代化发展情况的指标体系也并不完全相同。但从总体来看，评价指标体系应全面客观地反映现代农业发展规律，考虑到影响农业与农村发展的环境、经济、社会系统等多方面的因素。各指标之间应存在一定的逻辑关系，既要能从不同侧面反映出各个子系统的主要特征，又要能反映当地的特殊性和当代特点，各有侧重，相互补充，形成有机整体。另外，评价指标体系应具有科学性、可比性，各指标权重的分配占比、评价标准的划分都应该与当地社会经济条件相适应，准确反映当地农业与农村经济发展的特征与现状，既有利于各地区之间的横向对比，明确自身在农业现代化进程中的位置，又充分考虑当地现代农业的发展趋势，有利于不同阶段的动态对比，能够为下一步的农业经营活动起到很好的指向作用。

据此，可以从农业投入水平、农业产出水平、农业可持续发展水平和农村社会发展水平4个维度，构建农业现代化评价指标体系，如表1-3所示。

表1-3 农业现代化判断标准

一级子系统	二级子系统	权重比例
农业投入水平	农业劳动投入	0.04
	劳动耕地面积	0.05
	农业科技投入占农业总产值的比重	0.06
	单位耕地面积总动力数	0.05
	劳动力受教育的程度	0.04
	有效灌溉率	0.03
农业产出水平	人均GDP	0.05
	土地生产率	0.05
	劳动生产率	0.06
	农产品加工率	0.04
	农产品商品率	0.04
	农民人均纯收入	0.05
农业可持续发展水平	农业成灾率	0.06
	化肥使用强度	0.05
	农药使用强度	0.04
	水土流失率	0.06
	退耕还林、退耕还湖比率	0.04
	人口密度	0.04
农村社会发展水平	城镇化率	0.06
	农民人均可支配收入	0.05
	农民恩格尔系数	0.04
合计	——	1

该表从不同维度，较为全面地设置了衡量农业现代化的评价指标。

当然，这一评价指标体系并不是适用于所有地区，也不是固定不变的，可以根据要考量的重点和研究方向，进行适当调整。

二、农业现代化发展的主要类型

目前，农业现代化发展的主要类型包括绿色农业、特色农业、休闲农业、物理农业、工厂化农业、订单农业、立体农业、都市农业、数字农业等（图1-14）。

图1-14 农业现代化发展的主要类型

（一）绿色农业

绿色农业是指在先进管理理念的指导下，以生产、加工和销售绿色食品为核心，促进农业发展、增加农民收入的同时，保护环境、保证农产品绿色无污染的一种现代农业发展类型。发展绿色农业，需要将农产品的生产过程看作一项完整的系统工程，力求合理利用农业资源，实行种植、加工、销售一体化的绿色产业化经营，同时充分考虑生产的经济效益和社会效益，有效保护生态环境，实现农业的可持续发展。

从长远发展来看，绿色农业是时代发展的必然趋势，是农业发展的必然选择。绿色农业既注重合理开发农业资源、发展农业经济，又重视食品安全生产、强调生态环境的保护。通过发展绿色农业，可以充分发挥资源优势，提高农产品的附加值，实现农业的高效发展。为实现这一目标，可以从以下几个方面入手：第一，持续减少化肥和农药的投入，鼓励农业劳动者增施有机肥、种植绿肥，做好绿色防控。不断推进农业废弃物资源化利用，创新发展生态农业和循环农业，采用新工艺、新技术降低原材料和能源的消耗，实现农业生产中的少投入、高产出。第二，加强农业资源养护，统筹山、水、林、田、湖、草治理，启动耕地土壤环境质量类别划分工作，开展重金属污染区耕地修复治理试点，分区域、分品种实施受污染耕地安全利用示范，探索与现代农业相适应的田园生态系统保护和修复模式，实现人与自然和谐共生。第三，制定绿色政策法规，保障绿色农业发展。绿色农业政策法规是发展绿色农业的基础保障，是农业生产者、消费者行为的规范准则。从绿色食品生产标准、农产品的检测、绿色食品认证等多方面，保障绿色农业的发展。

（二）特色农业

特色农业是指根据当地的自然环境条件，将区域内独特的农业资源及特有产品转化为特色商品的一种现代农业发展类型。特色农业与一般农业相比，对自然资源的依赖性更强，特色农产品只能生长在特定的生态区域内，并具有突出的转化趋向。因此，发展特色农业不能一味扩大生产规模，而是应保持规模适度，守好生态底线。特色农业在农业增效、农民增收方面能够获得良好的效果，对提升农业生产效益，提高农业竞争力有着一定的促进作用。在适宜的区域内，通过集中生产，形成规模经济，对于带动区域经济发展也有明显的推动作用。

发展特色农业要立足当地自然和人文优势，发挥区域比较优势，培育主导产品，因地制宜地发展特而专、新而奇、精而美的各种物质、非物质产品和产业，选择具有地域特色和市场前景的品种作为开发重点，利用新技术、新工艺改造传统生产经营方式，提高特色产品的科技含量，增强特色产品的品质优势，提高特色农业的整体效益。

（三）休闲农业

休闲农业是利用农业景观资源和农业生产条件，发展观光、休闲和旅游的一种现代农业类型。休闲农业是农业与旅游业相结合，第一产业与第三产业相结合，集生产、生活与生态三位一体的新型农业。发展休闲农业，需要深度挖掘农业资源潜力，对农业生产场地与人文资源、农业设备与空间进行合理规划设计，充分发挥农业与农村休闲旅游的作用，适当调整农业的产业结构，拓展和延伸农业多功能空间，促进农村经济发展和乡村振兴。

（四）物理农业

物理农业是指将现代物理技术与农业生产进行有机结合，通过运用电、声、光、热、核、磁等具有生物效能的物理因子来控制动植物的生长发育状况或者改善其生长环境，最终实现增产、优质、高效发展目标的一种现代农业发展类型。物理农业属于高投入、高产出的设备型、工艺型农业产业，它要求技术、设备、动植物三者紧密联系，并以生物物理因子作为操控对象，最大限度地提高产量以及减少对自然生态环境的破坏。与传统农业相比，物理农业是发展资源节约型、环境友好型农业，实现农业可持续发展的重要途径，也是拓展农业机械化服务领域，促进农业发展方式转变的重要手段。

当前，物理农业主要的发展方向包括增产优质型物理农业和无毒生态型物理农业。增产优质型物理农业是将物理学中对动植物及微生物具有正向作用的原理技术应用到农业生产当中，以提高农作物的产量和质量。比如，日光温室、黑光灯等物理技术的运用。无毒生态型物理农业是将物理学中对病原微生物和害虫具有灭杀作用以及对环境具有保护作用的原理运用到农业生产中,以预防动植物的病虫及其他危险化学品的危害,比如紫外线杀毒、土壤电消毒等物理技术的运用。此外,还可以利用物理技术改善农作物自身物理性能,如采用遗传技术可以改变作物的产量及抗虫性,对种子在失重条件下进行处理,提高其抗菌抗腐性,利用声学促进作物生长等。

总之,物理农业可以减少化肥和农药的使用,这对于保护生态环境具有十分重要的意义。

(五)工厂化农业

工厂化农业是一种机械化、自动化技术高度密集型的生产方式,它是通过综合运用现代科技、先进设备和科学管理方法,在人工环境中进行全过程的连续作业,摆脱自然环境的束缚制约,实现周年性、全天候、反季节的规模化大批量农产品生产的一种农业模式。工厂化农业的优势在于较大程度上摆脱了自然环境的约束,在生产过程中引入现代工业技术,实现作物生产全过程的智能化、自动化,有效提高土地资源和水资源的利用率,提高劳动生产率。另外,工厂化农业与消费市场的联系更为紧密,可随时根据市场的变化进行动态调整。工厂化农业采用独特的经营管理模式,能够从生产过程和市场需求两个方面刺激科技创新、管理创新,进而引发农业生产的良性循环。工厂化农业发展需要运用的关键技术主要有温室环境控制技术、作物生理指标监测技术、营养液在线检测技术等,这些技术的运用有利于提高农业生产的工业化水平,实现农业集约高效经营,促进农业可持续发展。

(六)订单农业

订单农业,是指在农业生产之前,农业生产劳动者与农业企业、合作经济组织或其他购买者直接签订订单,由此确立双方权利与义务关系,农业生产劳动者根据订单安排组织生产,企业或中介组织按合同收购农产品的一种农业经营形式。在订单农业中,买卖双方通过签订契约来追求产销平衡，在一定程度上能够保证市场的稳定，但受到信息不对称、缺乏成熟的产业链支撑、农产品质量的不确定性、订单内容不规范不具体等因素的影响，订单农业可能会增加市场风险或者损害农民的利益。

（七）立体农业

立体农业是指充分利用空间资源和动植物之间的相互关系，将种植业、养殖业以及加工业进行有机结合，通过合理组装，粗细配套，建立多个物种共栖、物质和能量多级利用的生态系统的一种农业生产方式。立体农业可以对种养业进行合理配置，有效利用土壤、水、光等自然条件，最大限度地提高资源利用率和农业商品率。在取得经济效益的同时，改良土壤理化性状，防止土壤肥力下降和环境污染，使农业保持长期的良性循环。目前立体农业的主要模式有农田立体综合利用模式（如北方采用玉米、大豆高秆和矮秆作物的间套作）、丘陵山地立体综合利用模式（如广东丘陵山地，山顶种植速生树种，山腰栽植柑橘、柚子等果树，并在果树间种植西瓜、甜瓜，在山沟修堤塘，蓄水养鱼）等，这些模式既是传统农业的精华，又是生态农业和农业开发的结晶，能够多项目、多层次地利用各种自然资源，并保持生态平衡。

（八）都市农业

都市农业主要是指在都市及边缘地带，利用城市的科技、人才、资金、市场等方面的优势，以城市社会经济发展及市场需求为导向，集生产、生活、生态于一体的，促进城乡和谐融合发展的现代农业。都市农业处于大城市边缘及间隙地带，接近城市市场，可较为经济地利用其地理优势开发城市资源，填充农产品市场。都市农业依托城市又服务于城市，其生产、流通和经营等过程，农业形态和空间布局都必须满足城市的需要，为市民的生活、生产提供服务。同时由于城市及市民的需要是多方面的，这就决定了都市农业的投放要素、产业技术特性、生产经营方式与功能的多样化。

(九) 数字农业

数字农业是以数字信息技术为基础，以数字化技术（如自动监控、信息技术、通信和网络技术、全球定位系统、计算机技术等）为工具，在产前、产中、产后全过程实现数字化、网络化和智能化的一种现代农业。在数字农业中，农业生产过程中的关键决策因素由"人"转变为"数据"，通过数字化设备，如土壤监控设备、温度监控设备、田间摄像头等获取实时数据，通过数据反映的动植物生长状态帮助农业劳动者进行生产决策和资源优化，进而提高农业产业链运营效率。

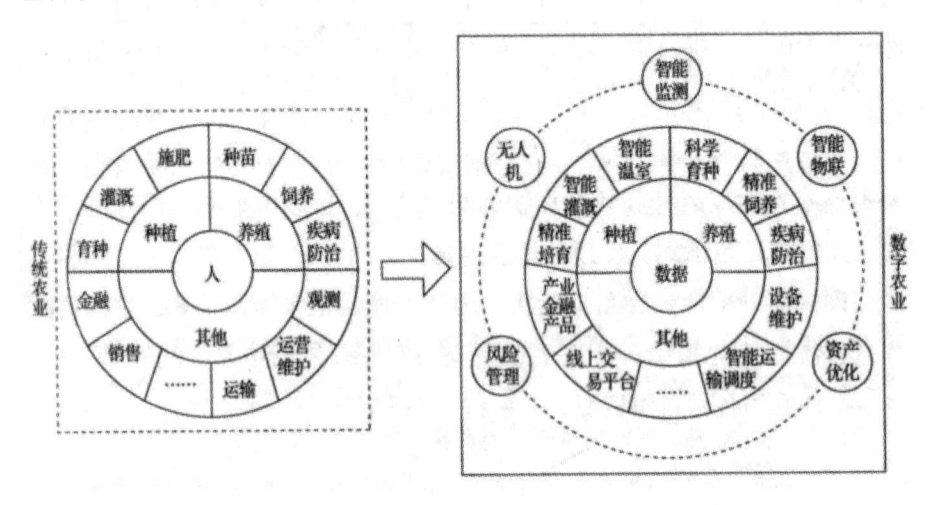

图1-15 传统农业与数字农业的区别

数字农业的发展需要有相应的基础设施作为支撑，利用现代智能化、信息化技术，转变传统农业的经营方式，提高农业现代化水平（图1-15）。为实现这一目标，要构建和完善数字农业智能信息服务平台，建立起集信息感知、数据处理、辅助决策和智能控制为一体的综合性系统，通过数据平台及时获取动植物生长状态，为生产决策提供实时依据。同时，加快移动互联网、大数据以及云信息服务三网融合与应用，打造功能完善的农业信息服务平台，以掌握生产、加工、物流、销售等多个环节之间的流转规律，带来农业按需投入、产业链前后延伸、价值链不断扩大的生产经营方式。

三、农业现代化发展遵循的原则

（一）因地制宜原则

农业具有较强的地域性特征，同一物种在不同地域可能会表现出很大的差异，即便是同一物种在同一地区，由于自然环境与投入、管理方式的不同，其产量与品质也可能并不相同。要想实现农业的现代化发展，应该根据当地自然资源的特点，建立起与之相对应的农业产业结构。另外，农业、林业、牧业、渔业以及农业服务业之间的比例关系在某个地区是十分合理的，但将其照搬到其他地区可能并不适宜。所以，要想实现农业经济的现代化发展，还应在产业的选择、农业项目的开发、农业技术的引进等方面，考虑本地区的个性特点，优先发展比较优势突出的产品或产业，做优、做精、做强龙头企业，培育壮大具有区域特色的农业主导产品、支柱产业和特色品牌，将比较优势转化为产业优势、产品优势、竞争优势。

（二）以民为本原则

无论采取哪种现代化发展模式，都应以农民增收、农业增效为基本原则，只有率先确保了农民应有的利益，广泛调动村民的积极性，确保农产品质量和农业生产效率的提升，才能进行农业产业结构调整，才能推动农业经济发展。

（三）可持续发展原则

农业科学技术的进步，能够在一定程度上增强农业劳动者的环境保护意识，更加合理、有效地开发利用土地、水等自然生态资源，进而实现农业可持续发展。加强生态脆弱地区的生态恢复与技术研究工作，有助于建立起农业生态保护屏障，促进有机农业、绿色农业、生态农业和旅游观光农业的发展，减少自然灾害对农业的影响。

四、我国农业现代化发展的模式

近些年，我国在推进农业现代化发展方面做出了许多努力，合理布局现代化发展战略，持续优化农业产业布局，大力发展优质、高效的现代化农业。根据推动农业现代化发展的主要动力因素的不同，这里将我国农业现代化的发展模式划分为区域发展带动模式、农村发展改革创新驱动模式以及产业集群带动模式3种类型。

（一）区域发展带动模式

区域发展带动，是指农业的现代化发展主要依托特定区域内的产业发展和社会事业发展，将区域发展作为农业现代化发展的主要推动力。该模式将农业与工业、城市与农村视为一个统一的整体，将"以城带乡，以工促农"作为推动农业现代化的长效机制，以农业科技园区为中心，通过制度创新和政策支持，促进资金、技术、人才、信息、知识等生产要素由城市流向农村、由工业流向农业。该模式重点发展区域内特色农业产业，培育农业龙头企业，提高农民的基本素养和知识水平，以实现整个区域内的农业现代化。

珠江三角洲是区域发展带动模式的典型案例。广东地区依托珠江三角洲科技管理优势，运用现代管理方法来管理农业，比如东莞市全面推广农村集体财务电算化管理，南海区全面实行农村经济社会数据化，广东农产品中心批发市场运用先进的计算机网络技术和数据库，将市场与世界各地的大型农副产品批发市场和交易中心联系起来，在国内率先试行实物市场与电子商务相结合。广东地区依托珠江三角洲城市群的资金优势，建立了多元化的资金投入机制；依托珠江三角洲的社会经济优势，推动农业技术集聚平台建立，打造了集科研、推广、农民素质培训于一体的科技支撑平台；依托珠江三角洲城市群外向型经贸优势，引进优质品种，建立农副产品出口基地，外向型农业得到全面快速发展。珠江三角洲自身也在现代化发展方面不断前进，比如建立以花卉、蔬菜、水产、畜牧为主的现代农业产业结构，以都市农业、生态农业和休闲农业为重点的多功能农业体系。珠江三角洲依托农业科技园区的建设，全面推进现代化农业发展，形成了以省级科技园为中心，以市级科技园为轴线的，覆盖整个区域的农业科技园网络，促进了区域农业现代化发展。

京津冀城市群联合建立的农业科技协同服务模式，也属于区域发展带动模式的范畴。京津冀通过共建产业园区和基地，开展产学研合作技术创新，依托技术交易辐射创新成果，推动企业间及内部产业链跨区域延伸等方式来加强区域创新合作，初步形成了以区域农业科技创新带动农业现代化发展的完整链条。

（二）农村发展改革创新驱动模式

这种模式是在农村发展建设过程中，依据某些特定的政策目标、发展战略或者社会经济形态的变革，充分整合各种政策和资源优势，带动农业现代化建设的同步发展，如利用城乡一体化建设、新农村建设的契机，推进农业现代化建设。

1. 城乡一体化

江苏苏州是利用城乡一体化推动农业现代化发展的典型案例。该地区依托城乡一体化发展政策，以城乡一体化改革高效配置农村土地和劳动力资源为基础，逐步消除了土地、资金、劳动力等资源要素在城乡间、产业间互动的障碍，以现代农业园区为载体平台，通过观念引领、政府推动和技术引导多措并举，在保持了鱼米之乡特色与底蕴的基础上，走出了一条"高水准、高技术、高效益"的农业现代化道路。

城乡一体化对苏州农业现代化发展的推动作用主要表现在两个方面：一是推行土地流转，实现农村土地资源高效配置，具体措施包括土地产权的置换政策，如土地承包经营权置换社保、宅基地使用权置换社区、集体资产分配权置换社区股份，在此基础上，推进工业向小区集中、居住向社区集中，农业向规模化集中，并建立了三大合作机制，即农业专业合作社、土地股份合作社以及富民合作社。二是完善城镇就业和社会保障，促进农村劳动力转移，具体措施包括对农村劳动力进行专项培训，政府提供公益性服务岗位，提高社会保障水平等（图1-16）。

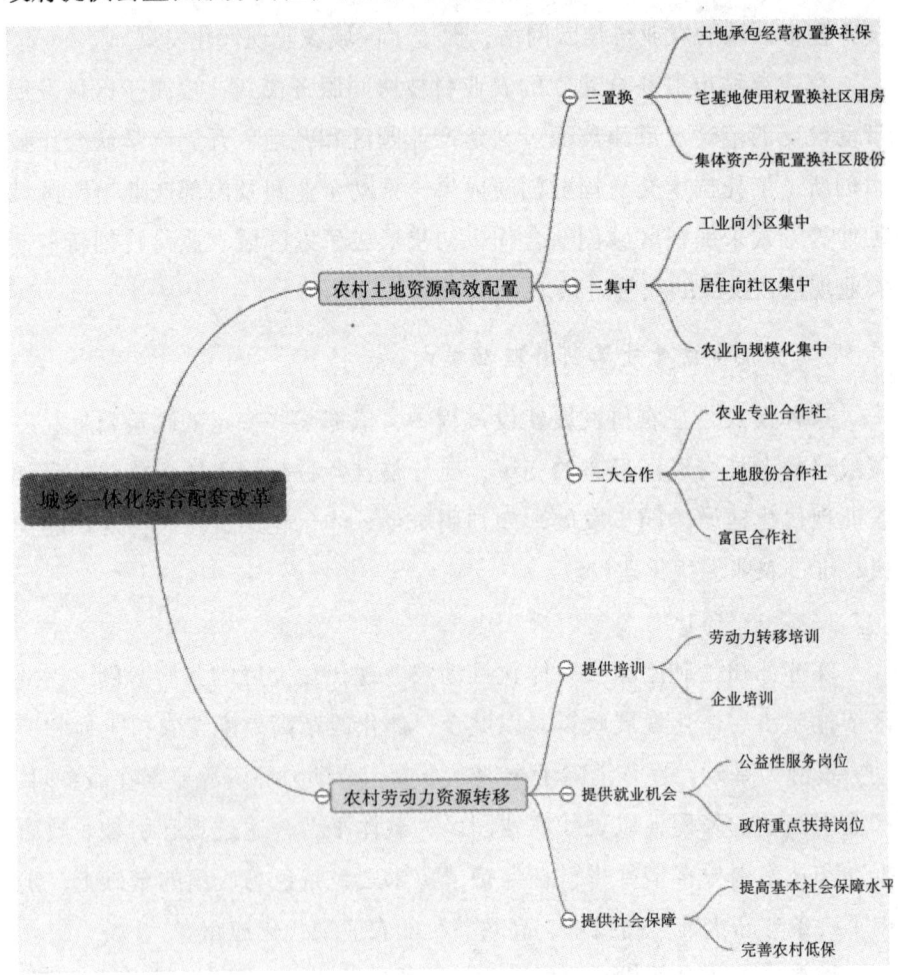

图1-16 苏州城镇一体化综合配套改革

为促进农业现代化发展，必须科学合理规划城乡一体化，在加快城镇化发展的同时保障国家的粮食安全。坚持城乡统筹、以城带乡，以中心城市和县城为重点，以新型农村社区建设为城乡统筹的结合点，全面加快推进城乡建设发展，强化城市群的支撑和带动能力，努力走出一条全面开放、城乡统筹、经济高效、资源节约、环境友好、社会和谐的新型农业现代化道路。

2. 新农村建设

浙江湖州是依托新农村建设，推动农业现代化发展的典型案例。湖州市依托现有基础和条件，努力推进新农村建设，着力构建科技创新服务、人才支撑和体制机制创新的发展平台，全面实施产业发展、村镇规划、基础设施、公共服务、生态环境、社会保障等工程，为农业现代化发展奠定了坚实的基础。湖州市从建设农村新社区的大目标出发，进行全面的基础设施建设，为现代农业的发展提供了良好的硬件条件；通过高新技术板块的建立、人才培养和引进机制的成熟，提高了农业的科技含量和生产率；通过增加公共服务供给，培育出许多新型农民。这种以新农村建设为契机的农业现代化实现模式在实践中取得了显著成绩。

（三）产业集群带动模式

产业集群是指同一产业以及其相关的支持性产业企业通过专业化分工，在同一地理位置上有效集中，从而形成一种有效的生产组织方式。广西贵港是发展生态种养产业集群的典型案例。

广西贵港，地理区位特殊，亚热带、热带农业资源条件优越。为贯彻落实国家关于加快推进农业现代化的重要布局，该地区依托本地农业资源优势，着力发展现代特色生态农业，建立了生态种养基地，并取得了良好的实践效果。

根据产业基础、资源分布及功能定位的不同，生态种养基地主要分为蔬菜高效种植区、生态健康养殖区、技术成果转化区和休闲体验区四大区域。蔬菜高效种植区位于整个基地的北部，区域内分别种植着塑料大棚蔬菜、圆拱形连栋温室蔬菜、露地绿色有机蔬菜等多种以不同技术种植的蔬菜。农业科研人员会在该区域内开展不同条件下蔬菜高效栽培种植技术研究，同时对技术转化为成果的蔬菜进行栽培、种植的推广。

生态健康养殖区位于基地的中部，主要为生态化生猪养殖技术的研发与推广提供场所。相关农业科技人员会根据全消纳、零排放、免抗生素的生态健康发展理念，研究并推广"微生物+高架网床"的生态健康养殖模式和生猪养殖机械化、自动化、养殖废弃物资源化处理技术。该园区的养殖区域采用大跨度全封闭猪栏结构，并配有生猪养殖环境智能健康系统、全自动饲喂系统、自动饮水系统、负压水帘风机、冷暖温控设备等自动化养殖设备，实现流程化、自动化、机械化、信息化生产与管理。在整个养殖生产过程中，采用"微生物+设施设备""微生物+饲料""微生物+养殖粪污"的生态养殖模式，这是现代化生产技术在农业中的具体应用。

技术成果转化区位于养殖区的周边地带，主要为各项研究成果的转化提供场所，比如施肥机、松土机、播种机、联合收割机等机械化设备的应用示范，测土配方、生物有机肥施肥技术的推广，农作物秸秆综合利用技术的推广，农作物病虫害防治技术研究等。

休闲体验区是集采摘体验、休闲娱乐为一体的综合性休闲区，游客可在园区内自由采摘，体验收获的乐趣。

该基地不仅以生态健康养殖为核心，打造规模化、自动化、机械化、信息化管理的现代生态健康农业发展模式，实现了传统生猪养殖业向现代生态健康养殖业的转型升级，还通过动物、植物、微生物之间的科学组织，实现了无污染、无废弃物排放生产，构建了"环境生态、生产过程生态、产品生态"的现代生产循环农业。这对于促进农业产业结构调整，以及改善当地居民的生产水平具有十分重要的意义。

五、促进农业现代化发展的策略

可以从转变传统农业经营理念、以现代科技推动农业现代化、深度把握现代农业市场主体、建立完善的农业服务体系、积极推进绿色生态农业建设等方面，促进农业现代化发展（图1-17）。

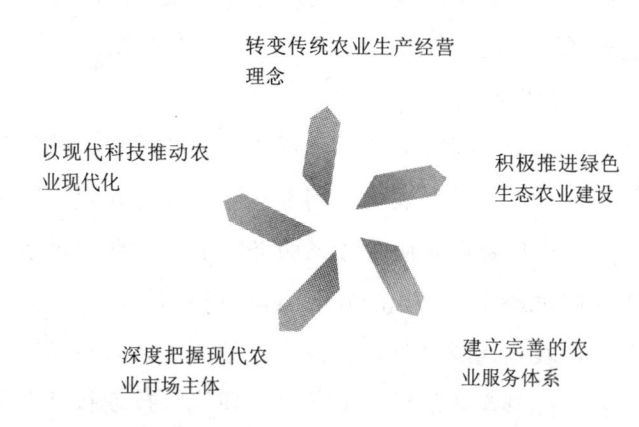

图1-17 促进农业现代化发展的策略

（一）转变传统农业生产经营理念

现代农业的生产与经营不仅要解决人们的温饱问题，还要满足社会生活和生产需求，为人们提供质量更优的农产品，并能为农民带来更多的收入。这就需要转变传统的农业生产经营理念，在市场经济的环境和背景下规划农业发展方向，在生产经营过程中运用先进的科学技术理念，生产出高品质、高科技含量、高附加值的精品农产品，并通过高产业化的市场运作，获得更高的效益。运用现代流通理念做活农业，通过推进农超对接、农校对接、农社对接等多种方式，减少农产品流通环节，降低农产品流通成本。还要运用现代生态理念做好农业，大力推广节地、节水等生态化的种养技术，发展循环农业，加大农业污染防治力度，不能为了发展而破坏自然生态环境。

(二) 以现代科技推动农业现代化

加强现代科技创新能力，积极组织各科研机构针对特定区域开发和培育优质种植资源，应用现代科技和生产方式、强化农业组织管理，改变农业粗放经营的状况，提高生产要素的配置效率。另外，要深化农业科研体制改革，着力解决科技创新与农业生产脱节的问题，有序推进国家创新基地和区域性农业科研中心建设，使科技成果从实验室走向市场、走向田间，转化为生产力。

现代科技创新通过优化农业生产要素之间的关系，推动着农业经济快速发展。用现代工业装备农业，用现代科技改造农业，用现代管理方法管理农业，用现代社会化服务体系服务农业，用现代科学文化知识提高农民素质，通过建立市场化的农业运行机制和高产、优质、高效的农业生产体系，将农业建成具有显著经济效益、社会效益和生态效益的现代综合化产业，提升农业的综合生产力。现代科技创新是农业产业健康发展的基本保障，因此应采取一定措施促进科技成果的转化，促进农业产业升级和产业结构调整，不断丰富农产品绿色供应链，努力实现农业现代化发展。

(三) 深度把握现代农业市场主体

重点培育扶持龙头企业，多措并举支持农民合作社建设，积极开发各类农业流通市场，继续深化联结机制，鼓励农校对接、农超对接，充分发挥龙头企业、专业大户、家庭农场的示范引领作用，推动农业发展质量变革、效率变革、动力变革，持续提高农业创新力、竞争力和全要素生产率。同时，根据市场状况，合理优化农业产业布局，重点发展精品农业、都市农业，支持农业新产业、新业态，促进第一、二、三产业深度融合发展，通过产品优势带动农产品加工业发展和转型升级。

推进农业现代化发展，离不开现代农业市场主体建设。为促进培育现代农业市场主体，针对不同产业和不同环节，在突出龙头企业、专业大户、家庭农场等经营主体特色和优势的基础上，制定不同的引导、支持政策，发挥在经营模式、辐射带动、市场导向、品牌建设等方面的积极作用，对提高农业生产经营水平具有重要影响的新型农业主体。引导企业与农民进行紧密联系，提高农民组织化程度，增强龙头企业的辐射带动作用。另外，要营造改善新型经营主体健康发展的环境，以发展中实际问题为导向，制定针对性的扶持政策，引导产业上下游各主体之间，通过土地、技术、品牌等入股或通过契约关系开展生产和服务合作，促进农业向更高层次发展。

（四）建立完善的农业服务体系

在推进农业现代化的过程中，要建立健全以县级农技总站为中心，区域性农技站为骨干，村级农技员和农业行业协会、农业龙头企业、农民专业合作社、种植养殖大户等科技人员为基础的农业现代化服务体系。将农业现代化工作纳入相关组织和科技人员的职能、职责范围，实行农业工作目标管理责任制，同时强化信息服务网络建设，为用户提供便捷有效的农业现代化信息服务，尽力满足农业生产和农产品销售的需求。

农业服务体系建设，要考虑当地经济发展的实际水平，要适应农业生产力的总体发展水平，也要适应农业服务内容多样化的特点，从农民实际需求出发，加快推进农业技术推广、动植物疫病防控、农产品质量安全监管等农民比较关心、亟须解决的农业问题。一方面，要充分发挥政府公共服务机构的服务模式、农村集体经济组织服务模式、龙头企业服务模式、农村合作社服务模式等不同服务主体的优势，健全服务机制，逐步提高服务效率。另一方面，要积极探索"家庭农场+农业龙头企业""家庭农场+农民合作社"等多种新型服务模式，实现各服务主体的共同发展，进而提高整个农业服务体系的服务水平。

鼓励基层农技人员、大学生连（村）官、种养大户等人员领办、创办各类专业化服务组织，支持农业龙头企业、农工专业合作社、行业协会等各类农业社会化服务主体发展，使其在产前、产中、产后的全过程积极提供各项优质服务。另外，还要加强气象信息服务和人工影响天气工作体系与能力建设，推进气象信息社会化服务，提高农业防灾减灾能力。

（五）积极推进绿色生态农业建设

绿色生态是农业现代化发展的动力源泉，以生态保护修复和优化人居环境等为重点，积极推进农林结合、种养结合等生态循环发展模式，发展资源节约型、环境友好型农业，完善绿色优质农产品供给渠道，促进农业可持续发展。

建设绿色生态农业，要对各农业生产经营者积极开展绿色生态农业知识和技术相关的培训，加强环境保护意识，减少化肥、农药的使用，降低农业生产对自然造成的破坏。可以从培育优势主导农产品入手，围绕主导产业的绿色发展，建立完善的绿色生态农业发展体系，积极运用各种绿色生态发展模式，正确处理好农业生产与农业资源之间的关系，推动形成农业生产与农村自然资源承载力相匹配、与农村生活环境改善相协同的绿色生态农业发展新格局。

第二章 农业经济的结构与要素

第二章 农业经济的结构与要素

农业经济通常是指农业中的各项经济关系和经济活动，其中既包括生产力与生产关系的发展运动，又包括生产、交换、分配和消费等环节中的经济活动和经济关系。农业经济并不是在当今社会才出现的，而是自古有之，比如我国在文明起源、形成以及早期发展过程中就形成了两种主要的农业经济模式：一是长江流域以稻作为主的水田农业，二是以黄河流域以粟作为主的旱地农业。在农业生产中，自然、生物和人的活动是交织在一起的，经济规律和自然规律共同影响着农业经济的发展，这也是农业经济不同于工业和其他生产活动的基本特点。

农业经济是国民经济两大基本经济部门之一（另一个基本经济部门为工业），是一个结构复杂的系统。农业中生产资料所有制形式、农产品的生产、交换、分配和消费及其相互关系，农业的产业结构、农业科学技术的运用等，都属于农业经济的研究范畴。

第一节 农业经济形式

经济形式本质上就是指生产资料所有制形式。生产资料所有制主要明确生产资料归谁所有的问题，它是生产关系的基础，决定着人们在生产过程中的相互关系和分配关系。生产资料所有制，还包括人们在进行生产时，对所需物质资料在占有方式上所形成的人与人之间的关系。一个国家的生产资料所有制形式，取决于这个国家的社会生产力发展水平。

在农业中，农业的基本生产关系和基本经济制度是农业所有生产关系的基础，对各生产关系起着决定性作用。农业中生产资料所有制结构，指各种不同的生产资料所有制形式，在农业经济中的组成和比重及其相互关系。在各种所有制形式中，必然有一种生产资料所有制形式居于主导地位，其他生产资料所有制形式处于次要或附属地位。现阶段我国农业，存在着以公有制为主体，多种所有制经济共同发展的多种经济形式。其中生产资料公有制居主导地位，起主要作用；多种经济形式包括全民所有制经济、劳动人民集体所有制经济、个体经济、私营经济及各种所有制的联合经济等。

第二节　农业经营方式

农业经营方式是指在一定的生产资料所有制条件下，人们进行农业生产经营活动所采取的具体方式，主要包括劳动者与生产资料的结合方式、生产要素的组合和对外部条件的适应方式、生产劳动的组织方式以及产品和收入的分配方式等。

农业的经营方式与经济形式属于两个不同的概念，两者既相互区别又相互联系。农业经济形式是农业生产关系的具体体现，侧重于从农业生产资料所有制方面反映经济关系，而农业经营方式不仅是农业生产资料所有制形式的具体化，还是农业生产力组织形式的具体化，它侧重于反映农业生产力要素的组织和运用。同一种农业经济形式可以有多种不同的经营方式，而不同的经营方式也可以有相同的经济形式，但无论采取哪种经营方式，农业的社会性质总是由农业经济形式的性质决定的。

农业经营方式的选择与确立受多种因素的影响，比如农业生产力的发展水平、农业生产的特点、劳动者的经营管理水平、农业生产资料产权的组合方式等。

首先，农业生产力的发展水平是确立农业经营方式的主要依据。从人类历史发展的进程看，农业生产力的不同发展阶段及性质直接影响着农业经营方式，不同的农业生产力对农业经营方式的确定所起的作用是不同的。比如在生产力水平相对较低的原始社会，人们采用的是大规模

第二章 农业经济的结构与要素

的集中经营方式，农业的经营权集中掌握在氏族首领手中，而在生产力水平有了一定提高的古代社会，确立了以私人经营、分散劳动为主的农业经营方式。这种经营方式主要以农户家庭为基本单位，形式相对单一。而在近代或者现代社会，生产力水平有了很大的提高，农业虽然仍是以农户为基本经营单位，但其经营方式更加专业化、商品化和社会化。总之，农业经营方式的选择与确立深受农业生产力的影响，它必须与农业生产力的发展水平相适应。

其次，农业经营方式还与农业生产的特点有着密切联系。农业生产以有生命的动植物为主要对象，在自然条件的制约下，农业经营方式不能脱离自然再生产的本质规律。一方面，农业生产者在生产过程中要具有高度的责任心和随机应变能力，采用因地制宜、因时制宜的灵活措施以及与之相适应的经营方式，将自身的物质利益与劳动的成果紧密结合起来。另一方面，农业生产的分散性、广阔性还要求将农业生产者与经营者联系起来，经营规模不宜过大，经营层次不宜过多，以促进调动劳动者的主动性和积极性，在合理利用土地资源的基础上提高农业劳动生产效率。此外，农业生产的季节性、综合性要求实施各部门综合经营，不宜采取集中化的管理。单一的、较大规模的农业经营方式加大了农业经营决策者与直接劳动者之间的直线管理距离，会导致解决农业中不确定性决策问题的时效性差，进而导致农业劳动生产率和土地生产率的降低。因此，农业经营方式的选择会受到农业生产特点的制约。

再次，农业经营方式的确立还与劳动者的经营管理水平有关。劳动者如果具有较高的管理水平，就会采取科学化的企业经营方式，而如果缺乏经营管理经验，便只能采取传统的经营方式，或者一味盲目采取现代企业的管理方法，最终导致经营不当，影响自身发展。

最后，农业经营方式还取决于农业生产资料所有权和使用权的组合方式。比如农业集体统一的经营方式是建立在农村土地所有权和使用权高度统一的基础之上的，而农村家庭联产承包的经营方式则是建立在农村地域性合作经济组织内部的土地所有权和使用权相分离的条件下的。

在一定的经济发展水平下，合理的农业经营方式应具备以下特点：

第一，有利于劳动者与生产资料的紧密结合。劳动者与生产资料的紧密结合要求劳动者的数量和素质都应与生产资料相适应，劳动者也应科学、合理地利用现有的生产资料。

第二，能正确调节再生产过程中各种内部矛盾，有利于保障劳动者应有的权力，正确贯彻物质利益原则，处理好各方面的经济利益关系。

第三，有利于充分合理利用各种资源，包括自然资源和社会资源，促进农业的可持续发展，提高农业的经济效益。

此外，农业的经营方式还会受社会制度、政策法令、风俗习惯等因素的影响。同时，农业的经营方式也并不是固定不变的，而是会随着物质生产条件的变化而发生一定改变。但是在特定的生产力水平下，农业的经营方式在一定时期内会保持相对的稳定。

根据不同的划分标准，农业经营方式可分为多种不同的类型。如果按生产资料所有制划分，农业经营方式可分为国有经营、集体经营、个体经营、私营等类型；如果按劳动分工形式划分，农业经营方式可分为统一经营、分散经营和统分结合双层经营等类型；如果按照经济组织形式划分，农业经营方式分为企业经营、家庭经营等类型；如果按照生产经营的项目和内容划分，农业经营方式可分为单一经营、多种经营和综合经营等类型；如果按照是否与产量挂钩划分，农业经营方式可分为联产承包经营、自主自负盈亏经营等。在现实社会中，很少存在单一的农业经营方式，而是多种不同类型的经营方式交错存在，比如我国农业的基本经营方式是联产承包统分结合家庭经营，其中包括了多种类型的经营方式，比如集体统一经营、承包经营、统分结合的双层经营、租赁经营、股份制经营、个体经营等。

第三节　农业经济组织

经济组织是指为了实现特定的经济目标和任务而从事经济活动的单位或群体，它是社会生产关系的具体体现，是一定的生产要素配置和组织的方式，是一定的劳动组织形式。经济组织必须同时满足以下几项条件：第一，直接从事生产、交换、消费等经济活动。第二，实施独立经营、单独核算，具有一定的经营自主权。那些虽然从事经济活动，但不是独立经营、单独核算的组织，如农场的作业组、工厂的车间，不能算是独立的经济组织。第三，经济组织的主体必须是获得国家认可，能以个人名义对外进行经济活动，能够独立承担经济责任的社会组织或个人。第四，具有一定的生产规模，且有自身的经济利益。

农业经济组织是由社会经济制度的性质决定的，并且会随着生产力的发展而变化。在市场化大背景下，各类农业经济组织，应主动适应市场经济发展趋势，按市场运行规则进入市场，提高经营管理水平，在市场竞争中求生存、谋发展。

农业经济组织的功能主要包括组合和实施社会经济活动，促进社会安定、经济繁荣、农民富裕，满足社会需求、社区建设、社会管理等。农业社会再生产的过程，主要是由特定的经济组织实施并完成的，人类社会的经济活动也是在经济组织内部或经济组织之间进行的，因此从这一层面看，农业经济组织具有组织和实施社会经济活动的功能。随着人类社会的不断发展，社会分工和产业分化促使越来越多的细分行业加入社会生产体系之中，从而导致整个社会经济再生产的过程变得越来越复杂。所以从人类社会的长期发展来看，农业经济再生产过程的演变趋势表现为从单一到多元、从封闭到开放、从简单到复杂的主要特征。受生产力不断发展的影响，农业经济组织使得社会经济活动的这一特征表现得更为突出。此外，农业经济组织的基本形式是农户家庭和企业，他们占有一定的自然资源和经济资源，拥有长期经营积累的各种资产，通过各种经营性活动为社会创造财富，满足整个社会的物质需求。

第四节 农业经济的资源要素

一、农业自然资源

（一）农业土地资源

1. 作用

在农业生产中，土地是最为基本的、不可替代的生产资源之一，对农业经济发展具有十分重要的作用。农业土地资源是用于农业生产的土地数量和质量的总称，包括已经开发使用的土地资源和尚未被开发的土地资源，如耕地资源、荒地资源、草地资源、林地资源等。

农业土地资源对于农业经济的作用主要体现在以下两个方面：第一，农业生产必须在特定的土地上进行。在传统农业生产活动中，农业生产，特别是种植业生产，必须依赖于特定的土地环境，农作物的栽培面积影响着其最终的产量。比如，传统种植业中的粮食、蔬菜等作物，脱离了土地是无法生长的，畜牧业中的牲畜、家禽饲养也需要一定的牲圈、草地等地面环境，林业生产中的林木栽培、果木更离不开土地资源。可见，一般情况下，几乎所有的农业生产活动都不能脱离土地，农业生产与土地之间的关系也是农业生产最为本质的特点。第二，土地具有培育农作物生长的能力。土地是各种农作物吸收养分的重要途径，它能够不断供给农作物生产发育所必需的养分、水分和各种微量元素。一般情况下，虽然人类可以通过劳动改善土壤中的水、肥、气、热等状况，但不能直接向农作物输入物质或能力，而是需要以土地为载体传递给农作物。因此，土地的质量与农产品的产量、质量有着密切联系，对农业经济发展有着至关重要的作用。

2. 特点

（1）数量有限，供给稀缺。农业土地资源是在长期的自然历史发展过程中形成的，它不仅在数量上是有限的，还受自然条件的限制，各类农用地都有特定的数量限定。这就决定了土地资源供给的稀缺性。土地是影响农业经济发展规模和水平的重要自然资源，人们只有充分认识到这一特性，合理保护农业土地资源，才能实现农业经济的可持续发展。

（2）位置固定，用途选择。土地是固定不变的，所以只能在固定的空间内开发和利用土地资源。也正因此，农业常常会受到自然条件的制约。一定的土地在农业经济上的适用范围是有限制的，超出这个范围，土地的经济用途也会随之消失，比如旱地适合种植旱地作物，水田适合种植稻类作物。所以，要注意土地所处的特定环境条件，科学合理利用土地资源发展农业经济，要根据土地资源本身的特点选择生产项目，获得较大的土地生产率。

（3）效用持续，肥力可变。在农业生产中合理利用土地资源，可使其效用持续发挥作用，通过运用科学技术提高土壤肥力。但在这一过程中，同样需要注重对土地资源的保护，要将用地与养地相结合，注意恢复、培养和提高土地肥力，在一定的技术条件下，注意对土地投入的适合度，避免土地肥力下降的情况发生。

3. 提高农业土地利用率的基本途径

为促进农业经济发展，人们应采取必要的措施提高农业土地利用率。一方面，保护农业土地资源，避免乱砍滥伐、毁林开荒、过度放牧等原因造成水土流失、土地破坏。要使土地资源保持良好的土壤结构和理化性状，维持农业生态系统的良性循环。另一方面，实行土地集约化经营，调整优化农业生产结构。土地集约化经营是由土地面积的有限性和土壤肥力的可变性决定的，是农业经济发展的必然选择，只有实行土地集约化经营，全面提高单位面积产量，才能提高土地生产率，增加农产品产量和农民收入。提高农业集约化水平的途径主要有以下几点：运用先进科学技术武装农业，提高农业生产的机械化、科学化水平；积极进行农田基本建设，改善农业生产条件；发展多种经营，开展产品的深加工，实现农副产品的综合利用；做好农业经营管理，促进农业经济发展。此外，还要促进农业土地合理流转，实现土地资源的高效利用。随着我国农村改革的不断深入和非农产业的快速发展，人们不再将农业作为唯一的谋生手段。因此，为提高农业土地资源的使用效率，应使愿意从事其他非农产业的人们从事其他产业，使愿意继续耕种土地的人们进行规模化生产经营，促进农村土地合理流转，提高农业生产的产业化水平。

（二）农业水资源

农业水资源是指可供农业生产和人类生活开发利用的水分来源。农业生产的生产对象是各种动植物，而水资源是确保动植物生存的基本条件。水是农业生产中最基本的因素，水、肥、气、热共同组成了植物生产的必要条件。水是不可代替也不能代替的生物生活因素。水的有无、水的多少直接关系到动植物的生长发育，关系到农业生产能否正常进行和农民收益的有无及高低。因此，农业生产发展离不开水，要合理地开发利用农业水资源，进行合理的调剂和分配，改革用水方式，搞好农业基本建设，做好防洪减灾规划，建设高产、优质、高效农田，为农民增产增收创造条件。

水资源可以进行自然循环，但这一过程并不是固定不变的，而是具有不规则性，所以在一定时间或空间范围内，农业生产中会出现水资源供给不足或供给过量的现象，这样就会造成水资源功能难以正常发挥，进而影响其他资源的利用。水资源是农业生产的命脉，农业生产如果出现水资源短缺问题，就会影响最终农产品的数量和质量，甚至可能会引起森林和草原退化、土地沙化。不合理利用水资源，还可能会引起灌区土地次生盐碱化、水土流失和土地肥力下降，水资源污染还会给农业生产带来阻碍，严重危害生态环境。可以说，水资源对农业生产具有两重性，它既是农业生产的重要条件，又是部分农业灾害的根源。

因此，要增强水资源管理和保护意识，在农业生产中合理用水，避免水资源浪费和污染。通过调整农业产业结构和作物布局、减少输水损失、提高灌水技术水平等措施，加强水资源的利用与管理，避免因水资源的不合理利用，阻碍农业经济的发展。此外，可以大力发展农业水资源现代化管理技术，实现水资源的优化配置，提高水资源的利用效率。农业用水现代化管理技术是遵循人与自然和谐相处的原则，运用现代先进的科学技术和管理手段，充分发挥水资源的多功能作用，不断提高水资源利用效率，这样有利于改善水环境和生态环境，实现水资源和农业经济的可持续发展。运用现代信息技术建立高效节水农业，实时监测农作物的生长情况以确定作物的灌溉水量，从而使农业灌溉管理更加科学化、精确化，实现农业用水的科学管理。

二、农业劳动力资源

农业劳动力通常是指从事农业劳动的劳动力数量和质量，取决于社会经济的发展、人类对农业产品的需要和劳动生产率等多种因素。农业劳动力具有一定的能动性，它是农业以及整个国民经济发展的重要基础。在农业经济发展过程中，随着科学技术的发展和人们对自然、经济规律认识的加深，农业劳动者的劳动力有了很大提高，进而使农业和国民经济获得迅速发展。

为促进农业经济的发展，应加强对农业劳动力资源的利用。具体措施包括提高农业劳动力利用率和提高农业劳动生产率，其中前者表明劳动力利用的程度，后者表明劳动力利用的效果。两者相辅相成，是合理利用劳动力资源的两条基本途径。

提高农业劳动力利用率，简单来说，就是提高农业劳动力实际参与农业生产的程度。一般情况下，农业劳动力利用率越高，就越能够为社会生产创造更多的物质收益，为企业和个人增加更多的收入。提高农业劳动力利用率，可以从以下3个方面入手：

第一，优化农业产业结构，发展劳动密集型产品。为适应现代农业经济的发展，要合理安排农业产业结构，在发展以劳动投入为主的农业产业时，提高农产品的质量，增加劳动投入和农民收入。

第二，实行农业产业化经营，拓展农业产业链。应充分发挥资源优势，依靠农业科技，加快发展农业产业化经营，增加农业生产的经营项目，拉长农业生产的产业链条，吸纳农业劳动力就业，尤其是要发展劳动密集型农产品的生产，创造更多的农业就业岗位，使农业劳动者有更多的就业选择空间，增加对农业劳动力的使用。

第三，加强农业基础设施建设，改善农业生产条件。农业基础设施建设是农业生产重要的物质条件，是提高农业劳动利用率的根本途径。因此应加强农田水利、修筑梯田、改良土壤等基本设施建设，提高农业抵御自然灾害的能力和耕地质量。

提高农业劳动生产率也是加强农业劳动力资源利用率的主要方式之一。影响农业劳动生产率的因素是多种多样的，不同国家、不同历史阶段的影响因素也并不完全相同。就我国目前的发展情况和实际国情来看，可以通过不断改进农业劳动者的物质技术装备和农业生产的技术水平来提高农业劳动生产率。在农业中，采用现代化的机器、设备及有机化肥、无公害农药等生产资料，提高农业劳动者的物质技术装备程度，采用现代化的农业生物技术，可以有效减少劳动的投入量，提高土地生产率和农业劳动生产率。需要注意的是，虽然提高农业物质技术装备水平和农业生产的技术水平是提高农业劳动生产率的有效途径，但在使用农业机械和生产技术时应有所选择，根据实际情况推进农业的机械化和专业化，并确保被替代的劳动力可以得到有效合理的安排。

此外，还可以通过合理利用和改善自然条件来提高农业劳动生产率。

农业劳动生产率的高低,不仅取决于农业劳动者体力和脑力的强弱,还取决于农业劳动中自然条件的好坏。人们应在充分认识和利用自然规律的基础上,开展农业基本建设和农业生产,合理利用自然条件并逐步改善自然条件,进而增加劳动成果,提高农业劳动生产力。

提高农业劳动者的科技水平也是提高农业劳动生产率的有效途径之一。随着生产力水平的不断提高,科学技术已成为推动经济社会发展的主要动力因素,并且其对农业生产的影响作用越来越明显。现代农业离不开先进的科学技术,农业机器设备的运用、现代化的农业经营管理等现代化农业生产活动,都需要科学技术作为支撑。因此应大力开展职业教育和科普培训,以先进的科学技术和经营管理知识武装农民,通过科技培训、科普宣传教育等形式,促进农业劳动者科学文化素质水平的不断提高和劳动技能的不断增强,实现农业劳动者和生产资料的最佳结合。

为进一步推动农业经济的发展,提高农业劳动生产率,应建立合理的劳动组织形式,根据客观实际的生产需求开展分工与合作,在坚持家庭经营制度的前提下,对农业组织制度进行改革创新。鼓励建立各种专业合作社、农业产业化经营组织,并积极推进农业社会化服务组织的发展。农业社会化服务组织是市场发展到一定程度的产物,它连接着农业产前、产中和产后的各个部门,连接着农业生产与各类市场,对于促进农业经济健康发展具有十分重要的作用。这就需要政府积极组建各种农业社会化服务组织,为农业经营者,特别是农户,提供诸如信息、技术、市场等方面的服务,促进农业经济健康发展。

三、农业资金

农业生产单位与其他物质资料生产部门一样,在经营活动中,除需要投入必要的土地、劳动力等要素之外,还需要投入一定数量的用于开展经营活动的生产工具、生产资料及货币。这些用于农业生产经营活动的生产工具、生产资料及货币,就是农业资金。农业资金是农业再生产的重要条件，是农业经济中的重要资源要素，是推动农业现代化发展的重要动力。

农业资金按其来源划分，可分为自有资金和借入资金；按其周转性质划分，可分为固定资金和流动资金；按其所处的领域划分，可分为生产资金和流通资金；按其用途划分，可分为用于基本建设的资金、用于生产经营活动的资金以及具有其他特定用途的资金等。由于农业生产具有明显的季节性，生产周期长，资金周转慢，投资集中，收入也集中，间隔时间较长，这就给农业资金的筹集与使用带来了供求的矛盾。同时，农业生产受自然条件的影响，农业资金的来源又极不稳定，这就决定了在农业资金的筹集和使用上，除了坚持自力更生的方针外，还需要国家财政和银行、信用社给予必要的支援。

农业资金的合理利用主要受农业经营者的经营管理水平和劳动者素质的制约。农业经营者对生产资金、流动资金的使用方式具有决策权，其管理水平的高低影响着物质生产资料和资金的使用效率。高水平的经营者往往能够使资金得到最大限度的利用，获得高水平的资金利用率。同时，农业资金的合理利用与农业劳动者的素质有着密切联系。劳动者具有一定的知识积累和较高水平的工作技能，对机械保养、化肥农药施用量、耕作程度等一系列农艺掌握得好，资金利用效率就处于较高的水平。因此，为促进农业经济的发展，应通过教育培训等途径，努力提高农业经营者的经营管理水平和农业劳动者的素质。此外，应从实际出发，坚持因地制宜的原则，规划适当的农业资金用于支持先进的农业科学技术在农业生产中的应用和推广。同时，应该规划出适当比例的资金用于促进农业科技研究和推广结构的发展，培育和引进优良品种，研发先进耕作技术，用于支持各类农业院校的发展，培养农业科技推广人才，使农业科技转化为生产力，推动农业经济的发展。

四、科技要素

社会生产力是推动人类发展的根本动力。在历史的发展过程中，促进社会生产力水平不断提高的要素，必然包含科学技术。随着生产力的发展和科学技术的进步，科学技术在农业生产中的作用日益增强，它能够提高农业劳动生产率和土地生产率，降低农产品成本和增加农民收入，促进农业细化分工，实现多种经营的发展。

世界农业和我国农业发展的实践证明，农业科技要素在农业经济发展中具有十分重要的作用。农业科技的这种促进作用具有一定的延迟性和间接性，它并不是表现在科技成果创新之时，而是表现在科技成果应用于农业生产后带来经济效益、社会效益和生态效益之时。也就是说，农业科技转化为现实的生产力，关键在于通过示范推广等过程，使科学技术向农业生产领域延伸和扩散，并与农业生产进行紧密结合。科学技术也只有通过推广，才能使广大的农民群众自发地在农业生产中运用先进的科学技术指导生产，才能推动农业经济的发展。

对此，应深化科技体制改革，建立农科教、产学研紧密结合的长效合作机制。农业发展靠科技，科技进步靠人才，人才培养靠教育。农科教结合是农业发展的客观规律，是农村经济发展的必然选择。将与农业有关的科研、教育等各方力量统筹起来，形成合力，将农业建设转移到依靠科技进步和提高劳动者素质的轨道上来，以科技、教育力量推动农业的全面发展。农科教结合能够较好地解决农业生产实用技术与农业生产相脱节的问题，有利于促进科技成果迅速转化为生产力。实行农科教结合，把农业开发同科技开发、智力开发密切结合起来，使科技、教育的发展目标同农业发展目标紧密衔接，在农业、科技、教育部门间建立起密切配合、相互促进的新型关系，形成科教兴农的强大实力，最大限度地提高科教兴农的整体效益。

推动农科教结合，首先，政府要发挥好统筹作用。政府要树立总揽经济和社会发展的全局思想，加强对农业和农村经济、科技与教育事业发展的统筹规划，将农科教等部门的力量组织起来。政府要按照隶属关系和职能不变、经费渠道和用途不乱的要求，统筹实施农业综合开发计划项目，制定完善的人才培养和适用技术的培训方案，组织各方面的技术力量，合理安排科教兴农资金，统筹使用各部门的试验基地和设施，提高农业经济发展的整体效益。在政府统筹领导下，各有关部门要明确职责、密切配合、分工合作，做好农科教结合具体工作。农业和农村工作的主管部门要密切依靠科技、教育等部门，共同促进农业经济发展目标的实现，同时进一步加强农业系统内生产部门与农业科研机构、高等院校的合作。农业和农村工作的主管部门要抓好各层次的农民技术教育，积极培育新型职业农民和农业技术人才，稳定农业技术推广队伍，提高广大农业劳动者的素质。其次，科技部门要做好农业科技体制改革。坚持研究开发与科技推广相结合，科技与农业、农村及教育相结合的基本原则，切实组织力量加强对农业科学的研究及对技术的开发和推广，大力提高农业技术成果的转化率，进而促进农业规模效益的生成。各级科研管理部门要组织和集中优势力量，在动植物新品种选育、农产品深加工及综合运用、农业生态环境保护等对农业发展有重大影响的关键技术领域，力求有所突破。最后，教育部门要在农科教结合中发挥积极作用。教育部门要主动了解和掌握当地农业科技的发展水平以及对各类人才的需求，做好人才培养工作。高等院校、职业院校和成人学校，都要利用自身人才和技术的相对优势，积极参与农业科技成果的研究、开发与推广等工作，为促进农业现代化发展贡献应有的力量。

产学研结合是促进科技成果转化为现实生产力的又一重要途径，它是指在政府的主导下，实现企业、农业院校和科研机构的有效结合。针对制约农业产业发展的关键环节，加强适用性科技成果研发、筛选和推广应用，构建产学研一体化推进模式，为促进农业经济发展提供有效的支撑和保障。实施产学研结合，可以有效促进技术创新和知识创新，提高科技成果转化率，强化科技要素对农业经济发展的促进作用。企业是产学研结合的主要物质基础，企业要以面向市场为基本原则，敏锐地捕捉和发掘潜在的市场需要，并加强与高校或科研机构的合作，共建产学研基地和中试基地，以科技创新平台为支撑，实施重大科技项目。农业院校要主动适应社会发展需求，多层次、多形式、多渠道地为农业生产培养人才，要集中优势力量加强对农业生产发展有重大影响的关键技术领域进行科技攻关。农业院校要按照农业生产地域性的特点，根据当地的自然环境，研究解决当地农业生产的重要实践问题，积极承担当地政府、企业的科技开发课题，帮助地方发展区域性主导产业，为当地经济建设做好服务。农业院校要联合企业，建立校外科技示范基地，通过基地的示范和带动作用，将先进的农业科学技术辐射到广大农村。农业院校要加强学生实践技能的培养，组织学生到农村开展技术服务，在向农户传授农业科学技术的同时，加强实践学习，以提高学生的理论知识和实践技能。

　　整体来看，科技要素对于农业经济发展有着极为重要的支撑作用，它可以通过影响农业经济中的自然资源、劳动力资源等投入要素来降低农业生产成本，提高农业生产效率，进而推动农业经济发展。要想使科技要素发挥出积极作用，只有一个部门的力量是远远不够的，而是需要汇集各方面的力量，各司其职、相互配合，为农业科技研究和推广工作做好服务，为推动农业现代化发展做出应有的贡献。

第三章 农业科技及其在农业发展中的影响

第三章　农业科技及其在农业发展中的影响

农业科技是农业科学技术的简称，通常是指推动农业发展的农业科学和农业技术。作为推动农业发展的主要动力，农业科技不仅能够改变农业生产的物质技术基础，大幅提高农业劳动生产率，还能改变农业劳动者的生产技术、素质水平甚至整个社会经济面貌。总之，农业科技对促进农业经济的发展水平和发展速度有着十分重要的作用。

农业科技包括农业科学和农业技术两个方面，其中农业科学是指在农业生产实践的基础上，依靠本地或各种综合外部力量对某些农业科技项目（如农业领域各种事物的本质特征、必然联系或运动规律）进行的研究。农业技术是各种农业科学原理经过实践、积累、总结发展而形成的操作方法、技能和技巧，是把各种农业科学应用于农业生产实践中的方法和技能的总称，比如良种繁育、栽培和养殖技术、农业机械技术、农田水利与水土保持技术等。由此可知，农业科技不仅包括农业方面的科学研究，还包括技术的开发与引进以及科学管理、科技合作等促进农业发展的措施。

现阶段，想要加快农业技术的改造和更新，不仅要发扬农业生产的优良传统，发挥现有的物质技术设备和农业技术的优势作用，还应不断采用新的科学技术手段和科学管理方法，促进农业的现代化发展。通过科学研究，利用生物本身性能、自然力、土地资源等自然潜能为农业生产和农业现代化服务。还要积极培育农业科技人才、农技推广人才和农村实用人才队伍，分门别类将人才进行纵横连线，构建农村专业人才网络体系，真正把各类人才凝聚起来，形成"三农"专业人才队伍优势。同时，应积极推进产学研相结合，着力培育农业科技团队，围绕特色产业发展建立现代农业科技人才资源库，采取引进和培养相结合的方式，造就一批以农业科技带头人、科研领军人才为核心的农业科研团队，逐渐壮大农业科研队伍，从人才储备上为促进农业科技发展打好基础。

第一节 农业科技的特点

一、地域性

农业科技是以促进农业生产为中心的技术体系,农业生产受不同地区自然条件、物质技术条件和经济发展水平的影响,呈现出一定的差异,因此农业科技具有较强的地域性,某项科学技术的研发成果在某一区域内适用,在另一区域内可能并不适用。所以,在研发、引进或推广农业科学技术时,要从实际出发,因地制宜。

二、复杂性

农业科技的研究内容既包括自然界的物理运动规律、生物运动规律、生态发展规律,又包括农业生物内部复杂的生理生化关系、农业生物之间的关系、农业生物与生活环境的关系,还包括社会的经济规律和工程技术规律等,具有一定的复杂性。此外,各种农作物之间是相互影响的,还会受到自然环境因素的影响,这在一定程度上也加大了农业科技的复杂性。即便是一项普通科学技术的推广应用,也要求科技人员具备相当高的业务素质水平。

三、效益性

由于农业生产受自然环境因素影响较大,具有一定的不稳定性,农产品的价值实现存在一定的风险性,这就要求和决定着农业科技具有很强的效益性。这一特性主要强调和注重科技成果向实际农业生产力的转化,谋求农业商品生产和交换的经济效益。

第二节　农业科技的作用

一、农业科技对农业生态系统的协调作用

将农业科技应用于农业生产实践活动，会对农业生态系统带来直接的干预。农业生产处于一种特殊的生态系统当中，只有合理安排农业生产的结构和布局，合理发挥农业科技的良好作用，使农业生态系统中的各组成部分协调共生，才能促进农业生态系统的良性循环，才能获得农业经济的可持续发展。具体来看，农业科技对农业生态系统的作用主要体现在以下两个方面：第一，强化作用。实践证明，在农业生产过程中使用现代科学技术，能够加快农业生态系统的循环速度。比如，通过运用农业科学技术改良动植物的生长环境，促进动植物的生长。第二，替代作用。可以运用农业科学技术，替代农业生态系统中自然环境产生的物质能量。比如地膜覆盖技术的应用可增加热量，使农作物获取更多的太阳能。

二、农业科技对农业经济的调节作用

农业科技对农业经济的调节作用，可分为直接作用和间接作用。

（一）直接作用

先进的农业科技转化为直接的生产力，作用于农业生产，可降低成本、增产增收，在其他投入要素不变或条件相同的情况下，提高经济效益。比如，杂交水稻良种的推广应用大幅增加了水稻产量。

（二）间接作用

农业科技可以提高劳动生产率，增强农产品商品率，促进国民经济

的发展,如机械化程度提高,可使剩余劳动力从农业流向其他产业,继而促进其他产业的发展。

第三节 农业科技成果转化

一、农业科技成果概述

农业科技成果属于一种综合性的概念,通常是指农业科技人员通过脑力劳动和体力劳动创造出来,并且得到有关部门或社会认可的有用的知识产品的总称。农业科技成果的内涵较为丰富,不仅包括为解决某一农业科学技术问题而取得的具有创新性、先进性和独立应用价值或学术意义的阶段性科技成果,还包括引进、吸纳农业技术取得的科技成果,或在农业科技成果推广应用过程中取得的成果,等等。农业科技成果具有推动农业科学技术进步的重要作用和社会功能,因为如果在农业的各个领域中,不断创造新知识和发明新技术,通过在农业生产中推广应用新成果,就会将新的农业科学技术资源转化为现实的生产力,进而提高农业的经济效益、社会效益和生态效益。

（一）农业科技成果的形成阶段

农业科技成果的形成主要分为制定农业科技发展规划、制订农业科研计划、农业科学技术研究、农业科技成果的形成、农业科技成果推广应用5个阶段（图3-1）。

第三章 农业科技及其在农业发展中的影响

制定农业科技发展规划	•制定科技发展战略目标 •确定重大科研课题
制订农业科研计划	•做好技术市场调研 •确定行动方案
农业科学技术研究	•根据研究项目或课题开展研究 •根据研究进度及时调整研究行动
农业科技成果形成	•基础研究 •应用研究 •发展研究
农业科技成果推广应用	•农业科技成果在农业生产中的应用

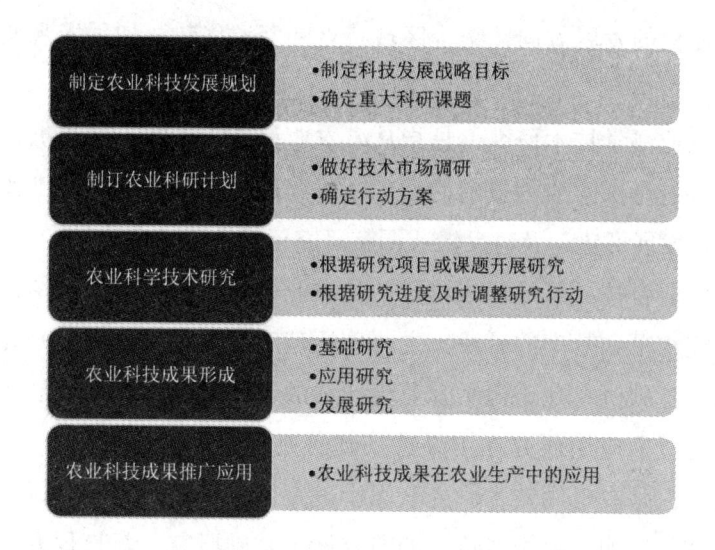

图 3-1 农业科技成果的形成阶段

制定农业科技发展规划，是农业科技成果形成的第一步，也是十分关键的一步。制定农业科技发展规划，需要确定农业各个领域的科技发展战略目标和主要任务，确定重大的科研课题以及保证农业科技事业持续发展的政策、措施等内容，它对农业科技的发展起着宏观调控的作用。制定农业科技规划必须尊重规划农业发展的特点和规律，保持合理的学科结构，使基础研究、应用研究之间，科研、推广、培训之间相互衔接、相互促进。制定农业科技发展规划，还应突出农业科技是应用科技的特点，抓住推广转化这一重要环节。农业科学是一门实践性较强的科学，具有较强的应用特性，离开生产就脱离了发展。因此，要尽量缩短农业科研、农业推广与农民应用、产生效益之间的时间，加强科研、试验、示范、推广等环节的有效衔接。

制订农业科研计划是依据农业科技发展规划，预先确定科研功能的努力目标及其实现努力目标的行动方案，包括课题选择、课题审核、课题实施、组织验收、综合统计等环节。制订农业科研计划，必须围绕农业产业化的发展方向，结合区域特点和资源优势，加强宏观调控和组织协调。

农业科学技术研究，是指从事农业科研工作的人员根据选定课题的计划所进行探索或创造的活动。在研究过程中，农业科研工作人员要根据科技发展形势，及时反馈或调整研究行动。

农业科技成果的形成阶段，是农业科研人员取得成功结果，集中反映研究水平和效率的阶段，主要包括基础研究成果、应用研究以及发展研究。基础研究在于揭示农业生产中的一些现象、特性或规律，创立新的理论，而应用研究在于寻求基础研究成果在农业生产中的应用途径，发展研究是在应用技术研究获得小范围试验成功之后，进行的大面积推广研究。比如，生物遗传学的研究属于基础研究，新育种方法的研究属于应用研究，而新品种的培育与开发则属于发展研究。

农业科技成果推广应用是将发展研究的成果尽可能及时而广泛地应用到农业生产中的过程，这部分内容将在第三节中进行详细论述。

（二）农业科技成果的特点

由于农业受自然环境等因素的影响较大，因而与农业联系密切的农业科技成果具有区域选择性、技术综合性、研发阶段性等特点（图3-2）。

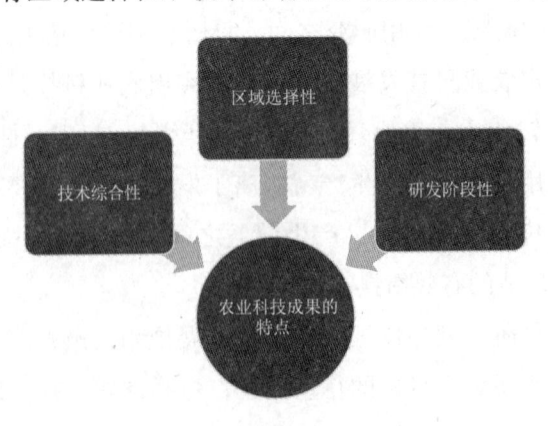

图3-2 农业科技成果的特点

1. 区域选择性

农业生产受自然因素的影响很大，虽然人们可以通过一定的科学技术改变动植物所需要的温度、光照、土壤条件等生产环境，但同一技术或成果，并不完全适用于所有地区。由于农业分布区域广泛，不同地区自然、经济、生态条件以及劳动者的科技素质存在着很大的差异。因此，农业科技成果具有较强的区域选择性。比如，北方旱作农业技术就只能在北方干旱、半干旱地区推广，而不宜在长江流域等雨水丰富的地域进行推广。所以，农业科技成果的开发应用，必须重视农业科技成果的区域选择性。

2. 技术综合性

农业科技成果受多学科、多部门发展的制约，具有较强的综合性。某一项农业科技成果往往与其他技术成果和自然界原有物种资源、生产要素有着紧密联系，各农业科技成果之间既相互促进，又相互制约。关键技术之间，不仅横向相关（如作物新品种与灌溉、施肥技术之间的相关），还有与季节、年度之间的纵向相关（如作物种植制度，轮作期内各田区之间的相关）。因此，在农业科技成果的推广应用过程中，必须同时研究各项成果之间的相互关系和协调性。

3. 研发阶段性

随着农业技术的进步，新的技术成果不断涌现，原有技术逐渐成为生产中的常规措施而失去其商品价值。农业科技成果具有一定的生命周期，由于技术成果的类型、水平、性质等不同，其生命周期也不同，但整体上都会经历一个从试验示范到发展成熟，再到衰减消退的过程。因此，人们必须在技术成果发展的关键期，及时引进和应用技术成果，这样才会使其迅速转化为生产力，取得较高的技术经济效益、社会效益和生态效益。可见，农业科技成果具有研发阶段性。

（三）农业科技成果的类型

根据不同的划分标准，农业科技成果可以分为多种不同的类型。根据应用领域划分，农业科技成果可分为种植业科技成果、养殖业科技成果、林木生态科技成果、农业机械化与农田水利科技成果、农产品储藏加工科技成果等。根据技术层次划分，农业科技成果可分为生物技术、农林作物种子与苗木技术、农产品储藏与流通技术、农业集约化设施技术、节水灌溉技术、农业信息化技术等。根据农业科技成果的应用性，可分为农业基础理论成果、农业应用技术成果和农业开发研究成果。

二、农业科技成果的转化过程

当代农业科学技术发展迅速，新理论、新方法、新技术不断涌现，科学与技术、技术与生产之间的联系越来越密切，科学技术已经成为推广农业生产发展的强大动力。因此，为实现农业科技现代化，加快农业科技发展，就需要掌握现代科技发展的特点和趋势，努力提高农业科学研究水平，采取科学的管理方法和手段，促进农业科技成果的转化。

农业科技成果转化是实现农业科技成果价值，使科学技术这一要素与其他农业生产要素实现有效配置、与生产有机结合的关键环节。农业科技成果的转化主要指将科学中蕴含的潜在技术转化为现实的实用技术，以物质产品为载体，进入农业生产、流通等领域，最终实现科技成果的商品化、产业化。

农业科技成果的转化一般需要经过科技研发环节、试验应用环节、推广应用环节、规模应用环节，各个环节所依托的单位和组织各有不同（图3-3）。

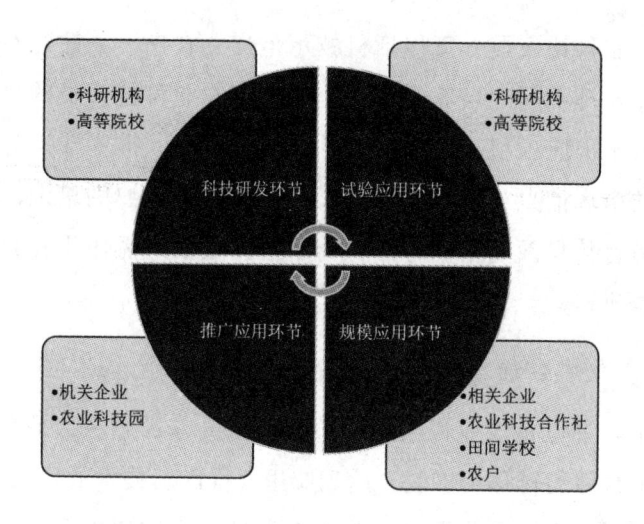

第三章 农业科技及其在农业发展中的影响

图 3-3 农业科技成果转化过程各环节依托单位

一般情况下，农业科技的研发等工作通常由科研院所或高等院校等科研机构来承担，而新技术或产品的产业化应用环节则通常由企业或其他类型主体来承担，他们主要负责将技术推向大规模社会化生产或者在生产中大规模应用。在我国普遍采用的农业推广系统中，大部分是以政府为主导，以高等院校等科研机构为依托研究新技术、新品种，再通过基层的农业推广机构或组织来实现农业科技成果的推广与转化。在这一过程中，也出现了如农业科技合作社、农业科技园、田间学校等多种被农业推广结构所依托的科研组织，他们对于促进农业科技成果实现规模应用起到了很好的推动作用。

三、农业科技成果转化的方式

（一）技术培训

可以利用各种形式开展技术培训，提供农业科技成果使用者的科技文化素质，激发他们对科技成果使用的内在需求动力，这是农业科技成果转化的重要方式之一。技术培训的对象既包括与成果转化相关的管理

103

人员、农业科技人员，又包括科技示范户、农户等。针对不同的培训对象，需要安排不同的培养内容，比如对于农业科技人员的培训，培训内容应侧重于推广项目或转化课题的技术性试验、推广知识与技能以及与此相关的市场信息、资源开发等；对于科技示范户的培训，可采用现场直观环境言传身教的培训方法，介绍科技成果的操作步骤或使用方法以及注意事项等。

（二）技术咨询

技术咨询也是农业科研成果转化的重要方式之一，是在生产过程中通过技术载体的转移和扩散，达到应用与推广新技术的目的，贯穿产前、产中和产后整个过程的服务。我国在促进农业科技成果转化方面，采用了个别咨询、团体咨询以及大众传播等不同的技术咨询形式。个别咨询是在县农技站及乡站设立技术咨询窗口，安排专人接待来访农户，回答技术问题，帮助农户制订生产计划和增产措施。团体咨询和媒介咨询主要是进行各种形式的信息传播与技术培训，建立起健全的农业科技成果普及推广网络，形成一套比较完整的农业科技成果转化的社会化服务体系。团体咨询主要以农业专家大院为主。专家大院是以科技为先导，以项目为核心，引导专家与龙头企业、科技示范基地结合，搭建农业科技研究、示范、推广、培训和产业开发的平台。这种方式是集成果转化、市场引导、推广培训于一体的专业服务组织，是现代农业社会化科技服务体系的新模式。媒体咨询包括电子农务、"农技110"等模式。其中电子农务是借助现代通信网络，以手机短信、语音、互联网等方式，向农户提供专业、权威、及时的农业科技、政策、市场行情等各类信息的农业科技咨询形式。电子农务突破了农业技术推广"最后一公里"的难题，能够显示出信息化带动农业经济发展的巨大潜力。"农技110"是在农村地区，围绕农民生产生活的各个方面，广泛运用信息技术，深度开发利用涉农信息资源，促进农业科技成果转化的农村信息服务。在咨询服务中,推广人员要为农民提供各种信息,包括技术资料和产前、产后的各种市场信息,尽管不直接指导生产,但能开展综合性服务,帮助农民进入市场。因此,农技推广人员应经常搜集研究市场信息,引导农民根据市场需求安排生产。

(三)技术入股

技术入股是指科研单位将研究获得的技术成果按股份的形式投入生产应用单位,也就是说,将科研单位的技术优势与生产单位的资金、原材料、设备等优势相结合,两者共同推广新成果。在实行这种方式时,必须遵循自愿互利、利益共享的原则,按贡献大小比例分配利润。这种方法能够使技术商品更容易进入流通领域,按价值规律进行交换,进而推动农业科技成果的转化。

(四)科技特派员

科技特派员是指携带农业技术,依靠市场机制,将技术由相对密集区向相对贫乏区转移的技术使者。这种方式旨在引导各类科技创新创业人才和单位整合科技、信息、资金、管理等现代生产要素,深入农村基层一线开展科技创业和服务,与农民建立"风险共担、利益共享"的共同体,进而促进农业科技成果的深入转化。大批科技人员扎根农村,融入农业生产的第一线,有利于科技力量和工作重心的整体下移。同时,通过科技特派员的沟通和中介作用,与一批高等院校和农业科研单位建立协作关系,有利于搭建农村技术创新平台,将大量先进的实用技术创新项目导入实际生产当中,实现农业科技成果的快速推广。

四、促进农业科技成果转化的策略

(一)重视农业科技人才培养

加强对农业科技人才的培养,提高农业科技人员的专业水平的具体措施如下：一是加强对青年农业科技人才的培养，为他们进行农业科学技术研究创造良好的环境条件，提高青年科技人才的工作积极性。二是加快学科带头人的培养，要提供给农业科技人才一定的学习和晋升机会，让他们通过进修和学术交流，不断丰富专业基础知识、提高科学研究能力。三是加快人才结构调整，建立起不同层次、不同类型的优化群体人才结构。四是加快人才分流，造就一批进行基础研究、应用研究、开发研究的专业科学家。

（二）根据成果属性采取相应对策

各级农业科研机构要正确处理好基础研究、应用研究和开发研究之间的关系，在以应用研究和开发研究为主的同时，必须兼顾基础研究；在研究更新改造传统技术的同时，加强高新技术的研究。促进成果转化，必须考虑成果属性，根据成果的不同属性，采取相应对策。对于一些物化形态的农业科技成果，比如农作物良种、新肥料、新机械设备等，可以边示范边推广，使其以商品形式参与技术市场竞争，供农户自由选择，实现可成功地转化推广，淘汰效益低的成果。对于技术性强的科技成果，要针对某一地区的生产实际选准项目，进行技术咨询、技术入股等方式促进成果转化。同时，实施这些手段需要一定的管理机构来保证成果的推广实施。

（三）充分利用农业信息技术

农业具有很强的区域性，不同作物、不同品种均需因地制宜地进行管理。农业生产还要处理好高产、优质、高效三者之间的关系，充分利用各种资源，保护生态环境，实现可持续发展。农业信息技术可为各种单项农业技术提供先进的集成平台，将各种农业技术有机结合起来，实现生产管理的科学化。

信息技术可以提供最先进的工具和技术手段，利用其方便、快捷、可大量复制的特点，将大量科技成果迅速传播到农民手中，实现大范围应用。可以说，农业信息技术能够改变传统的农业科技推广模式，满足推广工作的需要。

第四节 农业科技的推广应用

农业科技推广应用，属于一个统称，泛指农业科学技术在农业领域中的普及与应用，目前，学术界还未形成一个统一的定义，在不同的历史时期，其含义也并不完全相同，而是随着时代的发展而丰富的。20世纪初期，农业科技推广应用的定义属于狭义上的定义，往往只是一时一事的技术推广，是与传统农业相适应的科技推广，工作范围大多局限于种植业，主要解决农业生产中存在的技术问题，重点推广良种、良法。随着生产力水平的发展，农业科技推广应用已不再是指单一的农业技术的推广，其内涵还包括教育农民、组织农业生产、培养人才以及改善农民生活等。随着农业经济的进一步发展，世界上许多国家实现了或者正在实现农业现代化、商品化和企业化，农民的文化素质、农业知识、科技水平得到了普遍提高，农业科技推广应用的含义不只是提供技术、教育的过程，还是不断提供信息的过程。因此，可以将农业科技推广应用理解为，通过试验、示范、培训宣传、教育和开展科技服务、提供信息等方式，帮助农民优化生产技能，把农业科研成果和先进技术广泛应用到农业生产实践中的过程。农业科技推广应用是农业科技创新的重点任务，是推动科技创新成果走出实验室、转化为农业发展现实动力的有效保障。

一、农业科技推广应用的特点

（一）教育性

农业科技的推广应用以农业劳动者为目标对象，根据当时、当地农村经济和社会发展的需要,通过向农民传播知识、技术和信息,使农民掌握、利用这些知识、技术和信息,从而提高农民的科学文化素质,促进农业经济的发展。因此,教育性是农业科技推广应用的基本属性。农业科技推广应用是一种提高农民文化科学素质,改变农民的科学认知与行为的教育活动。农业科技推广应用的教育性主要体现在可以通过科学培训、科学宣传、科技示范,对农民进行科学技术教育,提高农民运用科学技术的能力,进而改良农业技术,合理开发利用自然资源,保护生态环境,发展农业生产,提高他们的经营水平和生活水平。

(二)实践性

农业科技的推广应用本身就体现着实践性,农业科技成果只有通过实践才能转化为现实的生产力。农业科技的推广应用的实践性强调农业科技推广者要在实践过程中发现问题,对现有科技成果做出改进,并对其做出进一步完善,以便更好地适应现实需求。

(三)综合性

综合性是指农业科技推广应用是集咨询、管理、服务和创新等性质于一体的综合性活动。

首先,农业科技推广应用是一种提高农民生产经营水平和提高农产品竞争力的咨询活动。随着现代农业的发展和农民文化科学水平的提高,不仅要向农民提供一般的技术培训,还应向其提供商品信息和科技信息,帮助和指导他们协调好计划与市场之间的关系,做好经营决策。因此,科技的咨询属性在农业科技推广应用中的地位越来越重要。

其次,农业科技推广应用也是使农业科技成果向生产领域转化的管理活动。科学技术是一种潜在的生产力,人们需要通过技术开发和推广,将理论性的科学技术转化为现实的生产力。这一转化过程,伴随着管理职能、管理手段、管理方法的综合运用和实施,如科技推广成果的选择,推广计划的制订,推广计划的实施、监督与评估,人、财、物的统筹安排等。因此，如果没有现代科学管理，也就没有现代农业的推广应用，管理是农业科技推广应用综合性的主要表现。

再次，农业科技推广应用还是向农业、农村、农民提供服务的活动。农业科技推广应用的目的就是使农民获益，促进农业和农村发展。农业科技推广应用的服务性不仅体现在推广目的上，还体现在推广过程中。在农业科技推广应用的过程中，应遵循"风险共担、利益均沾"的原则，实施综合开发配套服务，实施产前、产中、产后全程技术服务，充分发挥科学技术的巨大作用，促进农村经济与社会的全面发展。

最后，农业科技推广应用还具有创新的特点，它是农业科技进步的一种延伸。人们可以通过农业科技的推广应用，发现农业科技成果中的不足，为科技攻关提出新的研究课题，从而促进农业科技成果的进一步成熟与完善，增强农业科技成果的社会适应性。

二、农业科技推广应用的作用

（一）直接作用

1. 增进农业劳动者的基础知识

农业科技推广工作者对农业科技进行推广的过程，也是知识和信息的传播过程，能够为农业劳动者提供良好的教育机会，提高农业劳动者的知识文化水平。

2. 提高农业劳动者的生产技术水平

通过农业科技的推广应用，农业科学技术得以扩散与传播，进而提高农业劳动者的农业生产技术和经营管理水平，增强其职业工作能力，使其能够随着现代科学技术的发展而获得满意的农业生产、经营成果。

3. 改变农业劳动者的价值观念、态度和行为

农业科技推广工作通过行为层面的改变而使人的行为发生改变。农业科技推广教育、咨询活动能够引导农业劳动者学习现代社会价值观念、

态度和行为方式，使他们在观念上也能适应现代社会的发展。

4.增强农业劳动者的自我组织和决策能力

农业科技推广工作需要农业劳动者的积极参与，并使其在参与过程中提高自主决策和独立经营的能力。通过发挥农业科技推广传播信息和组织、教育、咨询等功能，农业劳动者在面临实际问题时，能够有效选择行动方案，从而解决问题。因此，农业科技推广应用对于提高农民的组织与决策能力有着重要的意义。

（二）间接作用

1.促进农业科技成果转化

农业科技推广工作具有传播和促进传统农业技术革新的功能，只有通过农业科技推广，农业科技成果才有可能转化为现实的生产力，农业劳动者才有可能在实际农业劳动中使用农业技术，才能促进农业经济增长。因此，农业科技推广具有促进农业科技成果转化的功能，它是促进农业科技成果转化的根本途径。

2.提高农业生产与经营效率

农业科技推广应用的作用还体现在提高农业生产与经营效率上。种子、机械、设施和肥料等生产资料是农业生产的基本要素，这些生产要素决定着农业生产与经营效率，还与农业科技的推广应用有着密切联系。在农业生产中，运用先进的农业科学技术，可以减少生产要素的投入，以更少的投入获得更大的收益，以更高的效率获得更多的产品。

3.维持良好的农业生态条件

与其他产业相比，农业的发展更加依赖于生态环境条件，而生态环境条件的维持又依赖于农业科技的推广应用。探求并实施有利于促进生态环境发展的农业科技，对于提升民众生态环保意识，促进农业可持续发展有着重要作用。

三、农业科技推广应用的步骤

在推广应用农业科技成果时,一般需要经过筛选项目、试验与示范、大规模推广、验收与鉴定、评价与反馈等步骤(图 3-4)。

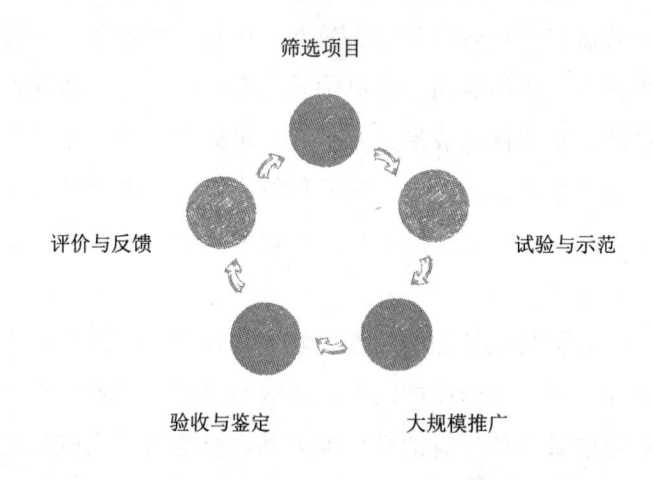

图 3-4 农业科技推广应用的步骤

(一)筛选项目

在对农业科技进行推广应用之前,需要先从大量的科技研究成果中,筛选出适合本地区实际情况的项目,以解决农业实际生产、经营等过程中的关键问题。对此,可以从以下几个维度衡量科研项目是否值得推广应用:

第一,农业科技成果的适应性。在推广应用农业科技成果时,必须考虑其是否适应本地区的自然条件、栽培条件与耕作条件,这是农业科技推广应用的首要前提。比如,如果要将某地的优良品种应用到其他区域,就应重点考量两地之间的自然环境条件的差异程度,如果差异过大,则不具备一定的可行性。总之,不同地区的自然资源条件存在一定差异,社会经济条件并不完全一致,因此不同的农业科技成果适应的地域范围并不相同，任何一项农业科技成果都只能适应于某些地区，不能生搬硬套、以偏概全。

第二，农业科技成果的先进性。这里的先进性主要是指科技成果的技术经济指标、技术性能等比原有的技术更为优越，更能促进提高农业生产的社会效益、经济效益和生态效益。比如，更生态、更有利于植物生长的种植技术，比如更高产、更优质的育种技术等都体现着农业科技成果的先进性。农业科技成果只有具有一定的先进性，才具有推广应用的价值，才能促进农业的发展。农业科技成果的先进性是取得良好社会效益、经济效益、生态效益的关键，农业科技成果的推广应用必须以提升农业效益为前提。

第三，农业科技成果的实用性。农业科技成果的推广应用，不仅要能够解决农业生产、经营中的问题，还应与最终使用者的文化知识水平相适应，要考虑最终使用者的接受能力和理解能力，也就是说，农业科技成果对农业劳动者来说，应是容易掌握的、实用的、效果可见的。

（二）试验与示范

试验与示范是农业科技成果转化过程的两个必要环节。农业生产活动是一项既受自然环境条件影响，又受人为实际生产条件影响的复杂活动。也正是因为实际生产条件的复杂性和农业科技成果的适应范围的局限性，在选定农业科技项目之后，必须经过一定的试验验证，先进行小面积、小范围的试验，只有试验成功的科技成果才具备推广转化的潜力。为了使农业科技成果推广试验获得有效、真实的结果，为大规模推广应用提供可靠、完整的技术参考依据，进行的农业科技推广试验，应具有较强的针对性、明确的目的性，设置的试验条件要有代表性，记录的试验数据要翔实、可靠。

农业科技成果示范是在实际的生产条件下，用成果的最终效益或结果来展示农业科技成果先进性的过程。农业科技成果示范的主要场所可以是农业科技示范园区、专业合作社、示范基地、示范农户，也可以是农业生产经营者经营的种植场、加工厂，这些场所都是农业科技成果的示范样板，可供其他农业生产经营者共同观摩学习，能够促进提升农业科技成果转化的效率。

（三）大规模推广

在通过农业科技的试验与示范证明了某一科技项目具有较佳的社会效益、较高的经济效益和较好的生态效益之后，就可以创造出有利于农业科技成果推广应用的客观条件，进行大面积、大范围的推广。农业科技工作者和农业劳动者是农业科技应用和推广的主体。因此，要实现农业科技的应用与推广，应加大先进适用技术的推广应用力度，充分发挥科技工作者和农业劳动者的主观能动性和对农业科技成果推广的热情。农业劳动者的积极性是先进技术措施的增产潜力变为现实生产力、技术增产的可能性变成现实经济效果的基本条件。为此，除了依靠政策调动农业劳动者学科学、用科学的积极性之外，在推广农业科技成果的过程中，不仅要通过农业科技试验、示范，取得农业劳动者的信任，还要积极联合政府、高等院校、企业、民间技术组织等多方面的力量，广泛开展农业科技咨询、农业技术承包、综合服务等多种推广方式，提高农业科技成果的推广转化效率。

（四）验收与鉴定

在进行大面积推广之后，应按照一定的要求开展验收与鉴定工作。对农业科技项目的验收与鉴定，主要是验收推广技术的来源，技术路线的选择是否合理，在可行性试验示范中技术的提高与完善程度，推广措施有无创新，以及应用推广后取得的经济效益、社会效益和生态效益。同时，要验收鉴定所需技术材料、文件是否齐全并符合国家要求，项目是否具备示范扩散条件等。

（五）评价与反馈

评价是对农业科技推广成果进行阶段性总结的综合过程。在推广工作结束后，要进行全面、系统的总结和评价，以便再提高、完善所推广的技术。在对农业科技推广工作进行评价时，要体现经济效益、社会效益和生态效益相统一的原则，不能只侧重于经济效益。同时，在评价过程中，要注重信息的反馈，以便随时发现问题，及时做出调整。

四、农业科技推广应用的策略

（一）加强农业科技推广体系建设

结合当地实际情况，建立一批以科研单位科研工作者、农村专业技术人才、农村基层劳动者为核心的农业科技推广队伍。一方面，提升农业科技推广工作人员的福利待遇，吸引更多专业的农业技术推广人才的加入，在壮大农业科技推广队伍的同时，更要注重提升农业科技队伍的质量。另一方面，针对在职的农业科技推广人员，通过开展各种农业科技推广教育与培训活动，有效提升农业科技推广工作人员的技术水平和推广能力，让农业科技推广工作者走出实验室，走进农业劳动者的农田，提高其参与农业科学技术推广工作的积极性和责任感。应鼓励农业基础劳动者在实践中不断积累新技术应用的经验、总结新技术在应用过程中出现的问题并将其及时反馈给相关科研部门，使得科研工作者能够及时优化和改进新技术，进而增强农业科技的实际应用价值。

农业科技推广体系的建设，要求人们在国家农业政策方针的指导下，立足农业发展方向，积极落实农业科技成果推广工作，根据不同地区农业的实际发展状况，适当调整与创新农业科技推广机制，以加强重点技术的应用。

生态问题，是人们在进行农业科技推广应用时需要考虑的重要问题。合理调整农业科技力量布局，依托科技人才优势逐步建立以生态型为主的新型农业科研体系，加快农业科技创新基地和区域性农业科研中心建设，组织实施农业核心区科技支撑项目，重点研究农作物品种创新和耕地质量提升技术，在保护生态环境的基础上提高农业生产力和农业产品市场竞争力。

此外，加强农业科技推广体系建设，还应稳定和强化基层公益性农技推广机构，加强农业技术推广体系改革和建设，积极探索农业科技公益性推广机构管理标准，完善农业科技推广的社会化服务机制，着力突破农业技术瓶颈，在良种培育、节本降耗、节水灌溉、新型肥药、循环农业等方面取得一批重大实用的科技成果。

（二）积极探索农业科技推广模式

为促进农业经济的发展，要从农业科技角度入手，积极探索多元化的农业科技推广模式，比如推广机构主导型模式、科技项目带动型模式、市场引导型模式等。建立推广机构主导型推广模式，应统一立项选定重点推广技术成果，组织实用技术培训，设立示范样板或农业基地吸引农民参观学习，建立科技服务实体，结合技术服务推广新产品、新肥药等农业生产资料。建设科技项目带动型推广模式，要依托科技项目的带动，采用科技示范园、科技特派员、科技入户等多种推广方式，促进多元化服务体系实现良好发展。市场引导型推广模式主要包括企业产业化、技术协会或农业合作组织服务两种形式，其中企业产业化最大的特点就是分散生产、集中经营，将原来分散的、小规模的农户组织起来，成为企业的生产基地。除以上推广模式之外，还可以加强农科教结合，推进推广体制一体化。从长远来看，实行农科教一体化，对农业教学、科研与推广进行有机结合，将更有利于推广资源的优化配置，提高农业科技成果的转化率。

（三）持续推进农业科技推广体制改革

持续推进农业科技推广体制改革，不断完善农业科技的研发、创新、推广、应用等多个环节的法律法规，为农业科技的推广应用营造良好的社会环境。要以法律为依据，组织完善农业合作推广体系，使农业推广与农业科研、农业教育紧密结合起来，进而形成一体化的农业推广制度。同时，要通过法律的手段对农业科技的发明成果加以确认和保护，规定在保护期内任何人不得侵犯其权力和利益，并规定科技成果用于农业经济发展的补偿办法，让法律法规融入科学研究、农业生产和流通的全过程，以规范和促进农业科技的发展。

第五节　农业科技进步与农业发展

科技进步是较为常见的一个概念，但随着时代的发展，其定义也在不断丰富。从广义角度看，科技进步是整个社会向前发展的综合表现，它不仅包括技术本身的进步，还包括技术政策与社会教育水平、各种技术之间的交融、生产者的新技术观念和素质等促进技术应用的技术环境。从狭义角度看，科技进步就是指人类根据生产实践经验和自然科学原理对客观物质世界进行支配、控制、改造和利用能力的提高。

具体到农业领域，农业科技进步主要表现在两个方面：农业科学知识的发展和科学技术的应用。农业科学知识的发展主要是指劳动者思想观念和素质的提高，而科学技术的应用主要指科学的管理手段、先进科学的农艺方法在农业生产中的应用。具体来看，农业科技进步包括农业生产条件方面的科技进步、农业生产技术的进步、农业管理科技的进步、农业生产劳动者与管理者的技术进步等。其中农业生产条件方面的进步主要有农业生产工具的进步、农用能源的进步、农业基础设施的进步等。农业生产技术的进步主要有农作物耕种技术的进步、良种选育技术的进步、土壤改良技术的进步、化肥与平衡施肥技术的进步、动植物病虫害防治技术的进步、畜禽饲养技术的进步、水产养殖技术的进步等。农业生产劳动者与管理者的技术进步主要有农业生产劳动者与管理者科学技术知识的丰富、劳动技能的提高及管理技能的进步等。总之，农业科技进步体现在农业生产过程的方方面面，它是一个不断创造新知识、发明新技术并推广应用于生产实践，进而不断提高农业经济效益和生态效益的动态发展过程。

农业经济的增长与科技进步有关，因为科技进步不仅能够引起生产手段的革新和生产资料规模的扩大，还会促进农业劳动者素质的提高和生产过程中劳动组织形式的完善，进而提高劳动生产率，促进农业生产力水平的提高和农业经济的发展。农业经济发展的根本出路在于科技进步，发展农业，最终还是要靠科学技术。我国在农业科学技术方面的进步，比如杂交水稻、水稻基因组、动植物疫病防控、林业生态、人工林营造、节水灌溉、防沙治沙等一大批关键技术和先进实用技术的开发应用，已经成为农业经济发展的重要推动力量。因此，人们要结合当地实际情况，规划好农业科技产业化运行主体和运行机制，在生物技术、设施农业、农业服务等重点领域，积极推进农业科技产业化，依靠科技进步促进农业经济的发展。

一、农业科技进步的动力机制

农业科技进步的动力机制分为内部动力和外部动力，其中内部动力主要包括产量目标的追求、质量目标的追求、提高产品竞争力目标的追求等因素，外部动力主要包括农业产业结构调整、农业产业化经营、农业现代化发展等因素（图3-5）。

农业的科技革新：理论与实践研究

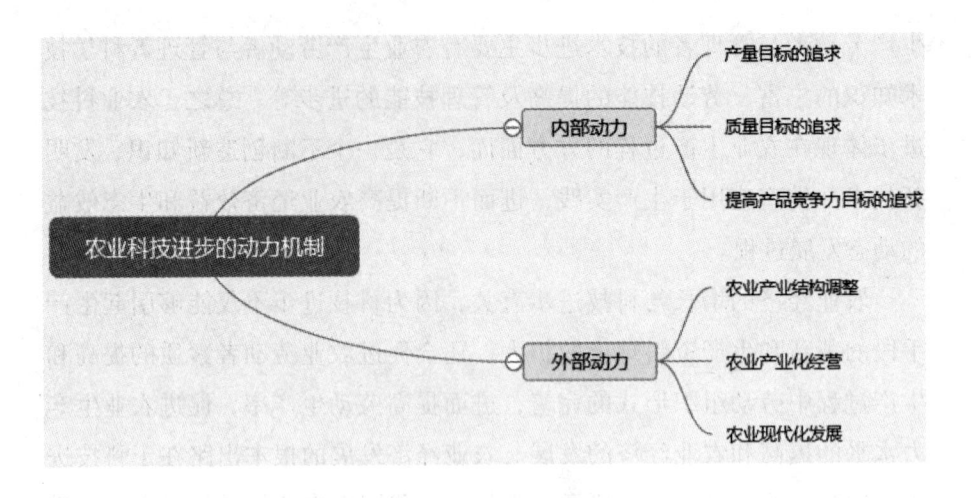

图 3-5　农业科技进步的动力机制

（一）内部动力

在市场机制下，农户或者企业作为市场经济的主体，在进行农业生产经营活动时，不仅要遵循自然规律，还应遵循市场经济发展规律，通过农业科技的进步与创新来提高农产品的数量与质量，降低农产品成本，提高农产品的竞争力与经济效益。因此，市场机制当中的产量目标、质量目标、提高产品竞争力目标等，便成为促使农业科技进步的主要内部动力。

1.产量目标的追求

农户或企业对农产品产量目标的追求，需要以农业科技进步作为保障。要想在市场机制下不断提高农产品的产量，增加农产品在市场当中的供给量，只追加劳动力要素和资本要素是远远不够的，还应依靠先进的农业科技投入来实现这一目标。因为农业产量的增加，并不是由单一的生产要素决定的，而是多种生产要素共同作用的结果，当人们对劳动力要素、资本要素的投入达到极限时，再增加投入也不会带来产量的增长，只有在技术变革的情况下，同样的投入才能带来更大的产量。

2. 质量目标的追求

随着人们生活水平的不断提高，对农产品的需求已经由量多逐渐转变为质优，只有保障农产品的质量，才能满足人们生态化、健康化的消费需求。因此，要依靠先进的良种技术、栽培或养殖技术、农产品的加工技术、储藏技术等农业技术，保证和提高农产品的质量。

3. 提高产品竞争力目标的追求

在市场经济下，提高农产品的竞争力也是促使农业科技进步的重要动力因素之一。只有依靠科技进步，才能降低生产成本；只有提高产品质量，才能使农产品在激烈的市场竞争当中脱颖而出，才能在市场上占据不可忽视的地位。

（二）外部动力

1. 农业产业结构调整

想要调整农业产业结构，需要建立生产、加工、营销等一体化布局，通过延伸产业链、价值链来提高收益，形成竞争力强的现代农业产业体系；需要延伸拓展传统农业的功能边界，实现农业产业从依靠自然资源单一要素向多要素集合过渡，从有形的物质产出向无形的非物质产出延伸，从平面的单一产品产出向立体的多种产品产出扩展；需要聚集技术、智力、资金等各类创新要素，走科研、开发、经营一体化发展道路。这就意味着农业科技的进步与创新，必须适应农业结构调整的要求，重新确立农业科技研发的重点，从主要追求增产技术转向追求优质高效的技术，从以粮、棉、油、糖、畜禽等大宗农产品技术为主转向大宗农产品生产技术与特色农产品生产技术并重，从生产技术领域扩展到产后加工、保险、储运等领域。另外，农业产业结构的调整，还要求紧抓关键技术，实行科技攻关。重点围绕设施农业技术、高科技育种技术、节水农业技术、生态农业技术、病虫害综合防治技术、绿色无公害生产技术、标准化生产技术以及农产品保鲜储运技术、农产品质量检测技术等农业科学技术开展各项农业经营活动，以应对农业产业结构的调整。

2.农业产业化经营

农业产业化经营是以市场为导向，以家庭承包经营为基础，依靠各类龙头企业和组织的带动，将农产品生产、加工、销售各个环节有机结合起来的一种经营组织形式和运行机制。农业产业化经营是用现代科技改造传统自给自足的小农业，用管理现代工业的办法来组织现代农业生产和经营的一种运营模式。因此，从这一层面看，农业产业化经营也是促进农业科技进步的重要动力因素之一。为了推动农业产业化发展，一方面要加强农业科技人员的技术培训，不断更新他们的农业科技知识，以适应新形势下农业产业化发展需求；另一方面，还应加强农民标准化生产技术的培训力度，使农民真正掌握标准化生产技术，生产出符合市场需求的农产品。

3.农业现代化发展

农业现代化发展的主要特征之一就是利用现代化的技术手段对传统农业进行改造。从某种意义上讲，农业现代化，就是农业的科技化。没有现代科技成果的不断开发与应用，就谈不上农业的现代化发展。只有依靠农业科技进步才能不断提高农业生产率与资源利用率，才能实现农业现代化发展。

二、农业科技进步对农业经济发展的意义

（一）促进农业劳动者科学知识和素质的提升

农业科技进步促使农业劳动者通过教育、培训等途径增加自身科学文化知识和专业技能，调动农业劳动者的生产积极性。农业生产劳动者能否采用先进的科学技术来进行农业生产，除了受社会经济条件的制约之外，很大程度上取决于其农业科技意识的高低。没有农业科技意识，就不可能产生农业科技行为，更不可能提高农业生产力。具有较高农业

第三章 农业科技及其在农业发展中的影响

科技意识的农业劳动者，会在农业生产过程中，积极运用农业科学知识或科学方法来指导自己的农业生产劳动，从而实现自己的生产经营目标。总之，科学技术应用到农业生产当中，能够在一定程度上促进提高农业生产者的科学素质，改良农业生物品种，获得更好的生产性能和生产能力，使农业生产中的种植方法和养殖方法更加科学合理，提高农业的投入产出水平。

（二）促进农业生产效益和生产质量的提高

科学技术是农业经济发展的重要推动力，农业科技进步推动着农业生产效益和生产质量的提高。从原始农业到古代农业、近代农业，再到现代农业，每次农业在生产效益和生产质量方面实现飞跃式的发展无一不是科学技术的进步在发挥作用。科学技术的进步不仅能够改善农业生产条件，拓宽农业生产领域，还能提高农业劳动生产率和生产质量。重要科技成果在农业领域的应用，还会使农业生产质量实现巨大突破。比如19世纪德国化学家尤斯蒂斯·冯·李比希（Justus von Liebig）对有机肥的研究、奥地利生物学家格雷戈尔·孟德尔（Gregor Johann Mendel）的"豌豆试验"、美国生物学家托马斯·亨特·摩尔根（Thomas Hunt Morgan）的"果蝇试验"等高新技术的研究都给农业生产效益和生产质量带来了革命性的发展。

农业科技进步是保证农业实现增产、优质、高效发展的关键，是提高农业综合生产能力、保障国家粮食安全、有效提升农业竞争力的必由之路。因为在农业生产活动中运用科学技术，能够使农业获得数量充足、质量优良、技术先进的农业生产工具，这为农业保收增收提供了根本性的物质条件。

（三）促进农业生产结构的合理化

农业科技进步能够在一定程度上促进农业生产结构和农村生产结构的变革与发展。农业科技的进步，农业生产技术的改进以及农业劳动力

121

生产能力的提高，对于提高农业劳动生产力有着很大的促进作用，使农业生产剩余劳动力转向其他产业，进而促进农业生产结构发生一定变化，改变单一的农业生产结构，使农业商业、农业服务业等产业的规模逐步扩大。

三、农业科技进步促进农业经济发展的策略

为增强农业科技进步对农业经济发展的促进作用，人们要重视科学技术的开发与推广，不断攻克农业科技创新重点课题，构建农业科技创新体系并建立完善的农业科技人才队伍，以科技武装农业，以科技进步促进农业经济的持续稳定健康发展（图3-6）。

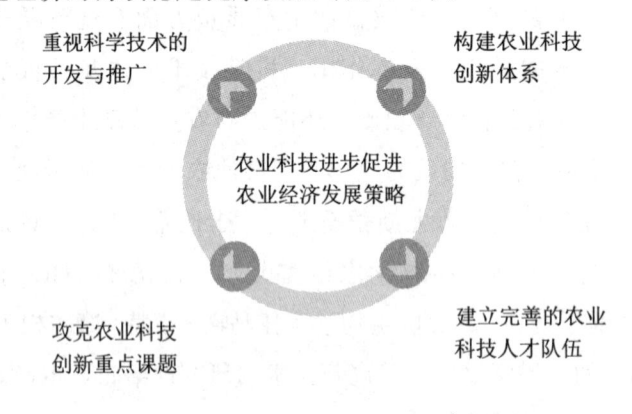

图 3-6　农业科技进步促进农业经济发展的策略

（一）重视科学技术的开发与推广

为实现农业科技的进步，应充分重视科学技术的开发与推广工作，结合当地实际情况建立完善的农业科技体制，逐步优化农业科学技术体系，处理好基础研究、应用研究与开发研究之间的关系，将注意力放在能够直接或者间接促进农业发展的应用和开发研究上。人们要明确科学研究的重点和难点，因地制宜地制订和组织实施不同层次的推广计划，支持并做好区域性试验，建设生产试验示范区，并使其在试验推广中发

挥出示范作用。同时，应适当增加推广投资，鼓励科技人员及时发布、推广适用于农业的先进科技成果，引导农业劳动者积极参与到科技推广的工作当中，形成以技术专家为主体，以农业劳动者为核心的农村科学技术推广体系。科技成果推广的形式有多种多样，比如实行长期技术合作、科研单位向农业劳动者宣传科技成果、科研单位与生产企业签订技术承包合同等，不同地区可根据自身农业的实际发展状况综合运用。

（二）攻克农业科技创新重点课题

围绕农业结构调整，将相关产业的科技创新工程纳入全产业链工程。一方面，围绕满足当地农业绿色发展、食品安全、产业结构调整所需要的关键共性技术，大力推进质量兴农、绿色兴农、品牌强农的技术体系，推进农业竞争力提升和农民收入增长的技术体系，推进符合绿色导向和农业可持续发展的技术体系，推进信息化与农业融合发展的技术体系。另一方面，实施一批支持当地农业高质量发展的农业科技重点工程：一是围绕农产品质量安全重点领域，深入实施绿色安全高效关键技术工程；二是围绕农业设施装备重点领域，深入推进高效种、养、加技术集成与研发工程；三是围绕农业信息化重点领域，重点实施现代智慧农业信息技术和智能装备工程；四是围绕动植物优质资源创新重点领域，深入推进现代种业提升工程，构建公益性研究与商业化育种相结合的育种科技创新体系。支持农作物优质资源库建设，将优质资源库运行管理所需经费纳入当地政府财政预算予以长期、稳定的支持。

（三）建立完善的农业科技人才队伍

1. 加大对农业劳动者的培训力度

要想使农业科技进步促进农业经济的发展，脱离不了人这一主体。应加大农业生产劳动者的培训力度，注重对新型农民职业素养、科技知识等方面的培育，广泛开展农业技术培训，提高广大农民的科学文化水平，使他们成为科技兴农的骨干力量。还要大力培养农村科技人才，建立完善的人才储备制度，引进科技创新型人才，不断壮大科技队伍。对农业生产劳动者的培训，应围绕各地现代农业的主导产业展开，充分利用实训基地、农业园区、农业企业、农民专业合作社，采取"就地就近"和"农学结合"等方式开展教育培训，让农民学会用科技力量"武装"农业生产，不断提高农业生产经营水平。总之，要依靠科技进步，尤其是依靠劳动力技能的提高和科技知识的应用来开发农业资源，从事农业生产，加大农业精加工产品的比重，不断提高农产品的经济效益。在开发利用过程中，还要注意自然资源的合理开发与保护，防止资源浪费。

2.重点培育新型职业农民

新型职业农民是以农业为职业、具有相应的专业技能、收入主要来自农业生产经营并达到相当水平的现代农业从业者。[①]新型职业农民虽仍以农业生产为主要的谋生手段，但他们往往具有较高的新技术，能够适应现代农业生产的要求，并利用一切可能来实现利益的最大化。农业科技的进步需要以新型职业农民为重点培育对象，如农村实用人才带头人、现代青年农场主、农业职业经理人、新型农业经营主体骨干、农业产业扶贫对象等，提升他们的科学技术掌握能力和农业经营管理水平，健全完善职业农民队伍工作体系，从队伍建设、教育培养、政策支持和社会保障等方面促进职业农民全面发展。

3.引进科技人才，壮大科技队伍

坚持以人为本，根据本地区实际建立起合理的人才流转机制，鼓励引进科技型创新人才，加强科技型农业企业的队伍建设。通过引进科技人才，带动技术引进，搞好技术推广和应用。

（四）构建农业科技创新体系

以技术创新为核心，统筹农业科技创新布局，推动农业产、学、研一体化发展，提升农业全产业链科技支撑能力。为促进农业经济的发展，

---

① 王遂敏.新时期乡村振兴与乡村治理研究[M].北京：中国书籍出版社，2020：197.

要将农业科技创新的投入由增产技术转向高品质研发技术，转向注重生态环境保护的绿色增效技术。还应强化传统农业科技创新升级，更加重视农业生产效益和自然环境治理，如土地科技和水土配置、农艺管理和节本增效、环境治理与污染控制等。农业科技进步促进农业经济的发展，需要建立起新型现代农业科技创新体系，重视物联、互联、智能农业技术研发，激发农业科技发展新动能，健全农业科技创新体系，以科技创新引领现代农业，加快布局集农产品育种、生产、加工、物流、销售于一体的农业全产业链新技术研发体系，探索建立农业投入新机制，引领现代科技农业发展。另外，要以农业科技创新为抓手，积极培育科技型农业企业，加强农业企业与农业研究机构或高校之间的合作，进一步推进教育、科研以及生产的有机结合，建立起以教育为基础，以科学技术为动力，推动农业产业化发展的农科教一体化发展模式。

第四章　农业科技人才的培养与发展

第四章 农业科技人才的培养与发展

第一节 农业科技人才培养的理论基础

一、人力资本理论

人力资本理论最早起源于经济学领域，是经济学理论的一大创新，由美国经济学家西奥多·舒尔茨（Theodore W. Schultz）于20世纪60年代正式创立。该理论认为，物质资本指物质产品上的资本，包括厂房、机器、设备、原材料、土地、货币和其他有价证券等，而人力资本则是体现在人身上的资本，即对生产者进行教育、职业培训等支出及其在接受教育时的机会成本等的总和，表现为蕴含于人身上的各种生产知识、劳动与管理技能以及健康素质的存量总和。它能够转化为商品和服务进行产出，为人类和社会创造财富与文明，最终实现人类的价值。舒尔茨尤其强调教育对人力资本产生的巨大影响，他认为教育具有提高劳动生产率，提高人们处理经济条件变化、驾驭经济发展的能力，如果没有教育的作用，就不可能产生现代经济并实现持续性增长。[①] 现代教育是形成人力资本，创造现代经济的关键要素，具有培养现代经济发展需要的各种人才的功能。人力资本理论提升了人们对教育经济功能的认识，使人们对职业教育的目的有了更为深刻的认识，即人们要通过培养经济社会发展需要的高技能、应用型人才，提高劳动生产率，推动经济发展。

人力资本对农业科技人才培养的指导意义主要体现在以下4个方面：

第一，教育是现代社会农业科技人才培养和开发不可或缺的重要渠道，要想提高农业教育的质量，促进农业经济的发展，就必须加强和完善各地区各级各类农业教育工作。

第二，"干中学"对于农业科技人才的培养和开发具有十分重要的意

---

① 舒尔茨. 论人力资本投资 [M]. 吴珠华, 译. 北京：北京经济学院出版社, 1990: 68.

义，特别是三类农业科技人才（新型职业农民、现代青年农场主、农业职业经理人）的"特殊人力资本积累"都离不开"干中学"。因此，要创设良好"干中学"环境条件，重视农业科技人才知识生产、传播和应用能力的提升以及实践技能的养成。

第三，农业科技人才必须通过投资才能积累自身的人力资本，这种投资不仅仅是物质投资，还包括时间、精力等方面的投资。

第四，在农业科技人才使用方面，要有科学、合理的制度设计，只有确保人才的合理使用，才能调动人才投入开发的积极性。

二、新经济增长理论

新经济增长理论，也被称为"内生经济增长理论"，该理论将经济增长归因于规模收益递增和内生技术进步，内生的技术进步之所以能够保证经济的长期增长，是因为技术进步自身不仅可以带来产出的增加，还可以通过外部效应使其他要素的收益呈现出递增的趋势。同时，由于外部的积极效应并不能通过市场完全发挥出来，因此该理论还强调人力资本和知识生产部门在推动技术进步和经济增长中的重要作用。

新经济增长理论使人们认识到技术、知识对经济增长的重要影响，在农业生产过程中，可以通过增加能够带来技术进步的生产要素的投入，培养和提升农业科技人才的专业技能，推动农业经济的持续发展。

三、创新理论

创新理论，最早出现在美籍奥地利经济学家约瑟夫·熊彼特（Joseph Alois Schumpeter）所著的《经济发展理论》一书中。约瑟夫·熊彼特认为，创新就是要"建立一种新的生产函数"，即"生产要素的重新组合"，就是要把从来没有的关于生产要素和生产条件的"新组合"引进到生产体系当中，以实现对生产条件和生产要素的"新组合"。他通过对利润获得途径的分析，得出了获得超额利润的5种创新途径，即产品创新、资源配置创新、技术创新、市场创新和制度创新。熊彼特认为，创新是在生产过程中内生的，必须能够创造出新的价值，是现代经济增长的核心。他还认为"企业家"是创新的主体，其核心职能不是经营或者管理，而是执行"新组合"。他对企业家的这种界定，特别强调创新活动的特殊价值。

创新理论带来的启示主要有以下3点：第一，三类农业人才的培养与开发都离不开创新问题，特别是农业科技研究人才的培养目标本身就是要培养一大批能够综合运用理论与技术的创新人才，而创新理论对于培养创新人才具有一定的理论指导意义。第二，农业科技人才的培养与开发需要在内容、方法、手段等方面进行创新，这种创新离不开创新理论的指导。第三，农业科技人才的培养与开发想要取得预期效果，就需要一系列的保障机制，而保障机制的创新也需要创新理论作为指导。

第二节　现代农业科技人才的素质

一、了解农业科技相关政策

政策是政府为实现一定历史时期的任务而制定的某种行为准则，它体现着政府的意志，是完成特定任务的具体手段之一。农业科技研究、推广工作是在国家领导下的一项社会事业，只有在国家制定的总方针、总政策的指导下，才能保证农业科技事业的健康发展，良好的政策环境对于提高农业科技水平、促进农业经济发展有着十分重要的推动作用。作为一名农业科技人才必须学习相关政策，了解国家对农业科技研究、推广等工作内容的要求，为自己的工作实践指明方向。农业科技人才要把贯彻各项方针、政策、法律转变为自己的自觉行动，处理好各种利益关系，保证国家、集体、个人利益的实现。

二、掌握农业科技相关知识

1. 自然科学知识

自然科学是研究自然界物质形态、结构、性质和运动规律的科学。在从事农业研究、推广相关工作时，凡是与工作相关的自然科学知识都是现代农业科技人才必须了解的。以农学的水稻大田生产为例，现代农业科技人才需要了解当地的气象、土壤知识，需要了解适应当地水稻品种的生产潜力和品质、当地病虫防治、农业机械以及与之相关的其他自然科学知识。可以说，凡是与自然科学相关的知识都是现代农业科学人才学习的内容。

2. 社会科学知识

社会科学是以社会现象为研究对象的科学，主要研究并阐述各种社会现象及其发展规律。由于农业研究、推广工作是一项离不开社会群体交流的工作，特别是农业科技推广工作，凡是与社会科学相关的知识都是农业科技人才所必须学习的。不同地区的农业生产与其自然环境密切相关，随时都可能发生变化，农业科技人才必须熟悉当地农业生产的实际情况，将社会科学知识与农业生产实践相结合，解决特定情况下的生产实际问题。对于农业科技人才来说，不断丰富农业生产知识，提高解决生产实际问题的能力，积累生产实践经验，是提高素质的一个重要方向和途径。

比如推广某项水稻生产技术时，农业科技推广人才除了了解与之相对应的自然科学知识之外，还应该了解当地的风俗文化习惯、经济条件（包括市场信息）等知识。

3. 农业科技知识

农业科技人才应该具有系统的农业科技基础理论知识，并且掌握某一农业科学专业领域的基本理论、基本知识和基本技能。现代科学技术飞速发展，知识更新周期越来越短，新的科学技术成果在农业上的应用与推广也越来越广泛。农业科技人才在农业科技知识方面的基础越扎实，知识更新的能力就越强，就能随着科技的进步不断地学习和掌握新知识、新技术，不断采用和推广新的科学技术。当今随着高新科学技术在农业上的应用，对农业科技人才的科学水平要求越来越高。即使农业科技人才具有了一定程度的科学技术基础，也需要继续学习，更新知识，以便适应新的要求。

此外，农业科技人才还应掌握必要的现代信息技术知识和跨学科知识，以适应现代社会科学技术的快速发展。

三、掌握农业科技相关技能

农业科技人才不仅要具备将知识转化为创造性劳动成果的能力，还需要具备在农业实践中进行创造性劳动的能力。农业科技人才需要掌握的基本技能是创造性劳动的具体化，主要包括掌握和运用信息能力、设计与计算能力、实验操作能力、交流表达能力、组织管理能力以及各方面的综合能力。这些技能对不同类型的农业科技人才有着不同的要求。农业科技人才应根据自身的实际工作需要，有目的、有计划地在实践中提高技能水平，以增强实践创造力，适应农业科技创造性劳动的需要。

四、具有良好的职业道德素养

农业科技人才不仅需要具有一定的知识和技能，还需要具备高尚的职业道德素养。科学道德是农业科技人才在开展各项农业科技活动时必须遵循的行为规范。高尚的职业道德品质，是促进农业科技人才个人成长与发展的基础。农业科技人才应具备的职业道德素养主要包括立志农业，爱岗敬业，农业科技人才应毫不动摇地全身心投身于农业科技事业；献身科学，实事求是，农业科技人才应具有无私奉献的精神，在工作实践中尊重科学、尊重事实。

第三节 农业科技人才培养模式的构建

一、构建原则

（一）以人为本，优化环境

坚持尊重劳动、尊重知识、尊重人才、尊重创新的原则，优化培育人才、聚集人才、人尽其才的人才发展环境，坚持培养高技术人才与培育新型农民并重，既要培育和引进农业科技人才，激发科技人才的创新精神和创业潜力，又要培养有文化、懂技术、会经营的新型农民，建立起完善的农业科技人才培养体系，结合不同层次农业科技人才自身的需求和实际工作内容，采取差异化的培养方案，充分发挥农业科技人才的内在潜能。另外，环境条件是农业科技人才知识和技能得以发挥的外在因素，对农业科技人才的成才和发展具有促进和制约作用。应为农业科技人才创造良好的环境条件，通过制定和完善一系列优惠政策、创造良好的工作条件等方式，充分发挥农业科技人才的积极性和创造性。

（二）政府主导，全员参与

坚持依靠全社会的力量，加强农业科技人才培养和队伍建设，不仅要在以政府为主导的前提下，充分发挥出地方、基层单位和其他社会力量的积极性，坚持农业科技人才培养的多渠道、多样化，还要在进一步完善和发展学校教育的同时，切实加强实用技术培训和职业教育，从农业劳动者中选拔、培训科技人才及各类专业技术人才。

（三）注重效果，考核评价

农业科技人才的培养涉及培训前的需求调查与预测、培训中的执行与保障以及培训后的效果考核与评价等内容。其中考核与评价环节是对培养人才的定量定性的考核评价，对今后更好地实施培训、调查、预测、宏观把握培训需求等具有积极意义。因此，应不断完善农业科技人才和科技成果评价标准，在管理目标、管理制度、考核方式、评价和认定标准等方面对农业科技人才培养过程进行改革，在政府宏观指导下，建立起以业绩为依据，由品德、知识、能力等要素构成的全面的人才评价指标体系。各项考核指标不唯学历、不唯职称、不唯资历、不唯身份，而是重贡献、重成果、重发展。

二、培养模式

农业科技人才的培养模式主要包括"产学研"复合型培养模式、"双线制"人才培养模式、"引入式"人才培养模式、农业科技人才继续教育模式等（图4-1）。

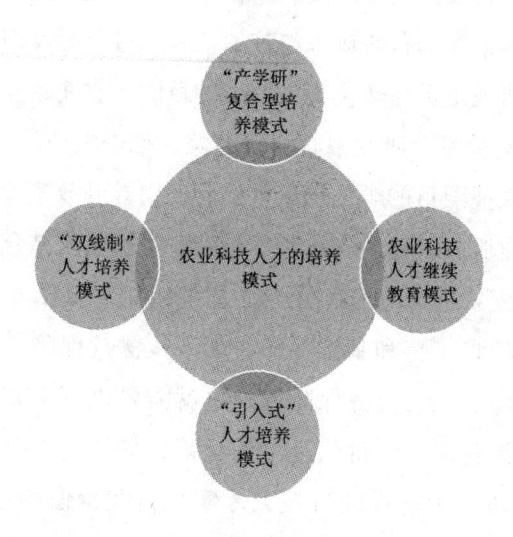

图4-1 农业科技人才的培养模式

（一）"产学研"复合型培养模式

"产学研"是培养创新型、复合型、实用型农业科技人才的重要渠道，是需要政府、高校、企业、社会组织等各方面力量共同参与的一种人才培养模式。在该模式下，农科类高校、科研院所、职业教育机构等教育培训组织都是农业科技人才培养的主体，主要通过学历教育、长短期培训、各类课题、项目支持等途径对农业科技人才进行培养。农业教育要转变传统教育观念，将培养复合型农业科技人才作为教育目标，适当调整学科专业结构，通过拓宽专业路径来丰富和扩展学生的知识面，构造培养复合型农业科技人才的教育模式，培养基础扎实、一专多能的复合型人才。

在"产学研"复合型培养模式中，农业企业主要通过各类技术攻关难题、农业科技项目来对农业科技人才进行直接培养，让农业科技人才在实践中提升能力。通过企业平台，可以充分发挥和挖掘企业的农业科技人才的潜力，推动农业科技人才全面发展。在这种培养模式中，农业企业也可以及时接触和掌握最新的科研成果与技术，并通过及时反馈科技成果的应用情况，实现科研成果迅速转化为生产力的目的。农业企业要与高校、科研院所共建联合实验室、研发中心、研究院，推进农业科学技术产业化，进一步探索重大农业项目的孵化与培育机制，引导开放实验室为重点企业进行深度的个性化服务，促进农业科技与农业经济紧密结合。

此外，在该模式下，政府、社会团体等组织需要给农业科技人才的培养提供一定的项目支持和基础保障，如政策法规保障、资金投入、产权和利益分配保障、人力资源保障等。这就需要进一步完善激励机制和社会保障体系，深化对劳动价值理论的认识，加快建立有利于留住人才的收入分配激励机制和能推动科技人才实现自我价值的考核评价体系，积极探索生产要素参与分配的实现形式，研究制定鼓励资本、技术等生产要素参与分配的政策，较大幅度地提高有突出贡献的科技人才待遇。

农业科技人才的考核与评价是"产学研"复合型培养模式中必不可少的一环。在对农业科技人才进行考核时，不能只以成果证书为依据，而是要遵循以贡献为主的考核评价原则，正确合理地评价每一位科技人员的贡献。农业科技人才要想在农业科技事业中取得成就，就必须具有相应的科技专业特长，在精通本业务的基础上一专多能且具有较强的创新实践能力。这也是"产学研"复合型人才培养模式考核评价体系中的重要考核内容。农业科技人才在从事农业科学研究工作中，不仅需要具备科学研究和技术推广能力、科学决策和组织管理能力，还应具备实验操作能力、处理信息能力、表达能力、设计计算能力等，所以在对农业科技人才进行考核与评价时，需要全面考虑、综合考量。

（二）"双线制"人才培养模式

"双线制"人才培养模式是在社会分工细化、产业结构升级、提升劳动者素质、实现终身学习的时代背景下，实施"普通高等教育体系"和"职业技术教育体系"相结合的一种人才培养模式。这种人才培养模式需要改变现有人才评价体系，拓宽技术技能型人才的发展空间，这样能够在一定程度上促进我国职业教育的发展，提升劳动者的职业技能。农业教育机构作为培养农业科技人才的重要渠道之一，需要特别强调农业科技在农业领域中的实际应用，因此，将原有单一的培养机制转化为"双线制"的人才培养模式，对于培养应用型和研究型农业科技人才具有积极的指导意义。

（三）"引入式"人才培养模式

"引入式"人才培养模式重视农业科技人才的引进，注重提升农业科技人才队伍的层次和水平。实施该种模式，需要制定适当的优惠政策以引进急需的专业人才并建立完善的人才培养机制，如公平竞争机制、合理用人机制、有效激励机制、保障发展机制等。

公平竞争机制是引入农业科技人才的基础和前提，在农业科技部门普遍推行公开招聘、竞争上岗、逐级聘任的体制，鼓励技术水平一流、具有领导管理才能的农业科技人才积极参与到农业生产经营的实践当中去。

合理用人机制指要合理使用农业科技人才，不断开发他们的潜能，将他们配置到能够发挥个人才能的岗位上去。

有效激励机制是对在促进农业科技发展中做出突出贡献的农业科技人才实施奖励，使他们得到应有的回报。相关部门要划拨一定的资金专门用于农业科技人才的教育、培训，提高农业科技人才参加农业科学研究的积极性与主动性。有效激励机制应确保农业科技人才的贡献与报酬相一致，使其知识价值与经济价值相吻合，重点奖励在农业科技前沿取得重大发明和创造，在农业科技中有卓越建树，在技术创新、科技成果转化、创办高新企业等方面有突出贡献，在传播科技知识方面做出突出贡献，在科技知识应用、推广方面取得重大经济、社会效益的农业科技人才，鼓励他们为现代农业建设服务。

保障发展机制是"引入式"人才培养模式中留住农业科技人才的关键，应切实落实各项提高农业科技人才工资待遇的政策，健全养老、医疗、失业、住房等保障制度，对农业科技人才给予一定的政策倾斜，增强农业的吸引力和凝聚力。

(四) 农业科技人才继续教育模式

农业科技人才的继续教育是科教兴农的重要内容，是适应市场经济发展的必然选择。农业科技人才继续教育的本质特征是教育起点高、方法新、目标高，使受教育者的知识和能力得到扩展、加深和提高，最终促进科技进步和农业经济发展。该人才培养模式，着重提高现有农业科技人才的业务水平，改善农业科技人才队伍的质量。农业科技人才继续教育的形式主要包括以下几种：第一，利用农业科技人才进修学院和现有农业大学的师资力量，进行"回归"教育或者"更新"教育；第二，各地农业企业结合实际需要，积极举办业余班、培训班、研究班；第三，委托农业高等院校或职业院校对各类农业科技人才进行培训；第四，各级科协和专门学会组织各种技术交流和学术活动。其中，第4种形式是对中级专业技术职务以上的农业科技人才进行的高新技术和管理知识方面的培养与研究，一般采用"派出去、请进来"的方式，聘请国内外有关专家学者授课。这些形式不仅可以充实农业科技人才的知识储备，提高其专业技能，以便更好地服务农业科技工作，还可以充分调动农业科技人才的积极性和创造精神，使其充满热情地投入农业科技研究与实践的工作中。

（五）供给主体多元化的新型培养模式

新型农业科技人才培养模式，将以往政府在农业科技人才培养方面的核心地位转化为在供给主体多元化基础之上的以龙头企业和合作社为核心的多方联动培养机制。这种模式是由龙头企业和专业合作社将政府、农业院校、科研机构连接起来，提供市场和产业化需要的全产业链的农业科学技术，并在此基础上，构建起来的一种多元供给主体的农业科技服务模式。这些供给主体之间的关系是有序的，是双赢、互动的，而非对立冲突的。这种模式需要政府转变原有角色，从主导农业科技人才培养的全过程转变为向农业科技人才培养提供制度安排和政策支持。这样一来，有助于实现培训生产者与供给者的分离，促进龙头企业和合作社的发展，促进农业科技人才的成长。

第四节　农业科技人才培养的策略

一、充分发挥高校及各农业组织的优势

高等农业院校和科研机构是农业科技战线的一支重要力量，不仅具有雄厚的科研潜力和雄厚的农业科技人才后备力量，还在知识与技术创新、人才培养、专业程度等方面具有显著优势，对于促进科技进步和农业经济的发展具有重要作用。因此，为加强农业科技人才的培养，应积极发挥农业高校和科研机构的优势，使其因地制宜地选择能发挥本学科优势，构建起有利于科研发展和农业经济发展的有效模式。各高等农业院校应根据优势学科和重点研究领域，培养具有创新精神和创新意识的农业科技人才，按照确立的优势学科与重点领域的框架体系，根据各重点学科的建设要求和发展需要，有计划、有重点地培养人才。各高等农业院校应结合自身实际情况，增加现代农业发展急需的农业产前和产后相关专业以及一些新兴学科，如农产品加工、生物技术、信息技术、农业技术经济学、农业环境科学、农业资源学等学科专业，建立结构优化和布局合理的农业研究体系。

还应加强产学研结合，充分发挥各农业组织的优势，将知识创新、人才培养与生产发展有机结合起来，使三者协调发展，共同为农业科技人才的培养贡献力量。对此，要使农业科技示范场、科技园区、龙头企业和农民合作组织在农业科技推广中发挥出其应有的作用，建立起与农业产业带相适应的跨区域、专业性强的新型农业科技推广服务组织，通过科技人员在农村建立农业示范基地、建立专家大院、开展农民培养等方式，创新农业科技体制和运营机制，将农业科技新成果、新技术直接应用到农业生产实践当中，促进农业科技成果的转化。

二、建立多元化的农业科技人才培养机制

想要建立多元化的农业人才培养机制，首先，农业科技人才培养既要按照国家战略规划确定培养方案，又要根据市场需求及时修正方案，保障农业科技人才培养的规范性和动态适应性。

对于政府相关部门来说，应不断完善农业科技人才培养法制体系。政府要根据农业农村经济社会发展和教育体制改革的需要，进一步加强农业科技人才培养教育的立法工作，加强教育行政法规建设，认真落实教育行政执法责任制，积极探索教育行政执法体制改革。另外，政府还应建立相对独立的教育监督机构，健全农业科技人才培养的教育督导制

第四章 农业科技人才的培养与发展

度，建设专职督导队伍，健全农业科技人才培养国家督学制度，建立督导检查结果制度和限期整改制度，强化对落实教育法律法规和农业科技人才培养政策的督导和检查。

对于培养农业科技人才的组织来说，应保障农业科技人才横向扩展能力的知识群与相应技能岗位群的有效衔接，根据岗位群的任职要求，按照工作过程进行课程体系的架构，在产学研结合中对农业科技人才重点进行职业技能、技术应用和职业素质的学习和强化。另外，农业科技人才的培养，必须符合当地农业发展的实际情况，如环境条件、经济发展水平等，提升自身对环境和市场的动态适应性。各组织要从两个方面实现农业科技人才培养的动态适应性：一是体现农业科技人才培养的社会性。农业科技人才的培养需从全社会的角度出发，不断更新人才观念，将农业科技人才的培养纳入全社会的人才资源整体建设当中。二是体现农业科技人才培养的实践性。农业科技人才的培养必须突破封闭性的模式，进行双向和多边交流，不仅要突破部门、行业的界限，还要与农村、地方开展广泛的合作。

其次，政府应强化后期资助力度以鼓励农业科研人员根据市场需求资助确定研究方向。坚持市场需求就是指挥棒，这本身就是农业技术创新的本质。市场是农业技术创新的出发点和落脚点，农业科技人才在进行技术创新时，必须以市场为导向，深入分析和把握市场，根据市场需求确定研究开发方向，这样才能使农业科技产品发挥市场价值，产生经济效益。在科技突飞猛进的今天，农产品同质化竞争日趋严重，而农业技术创新是使用新知识、新技术、新工艺，采用新的生产方式和经营管理方式来提高农产品的质量。因此，政府要加大对农业科技人员培养的扶持力度，让农业科技人才利用已有的知识与技能，根据市场需求开发新产品与新技术，只有这样，农业才能占据市场并获得可持续发展。

再次，积极探索并实施多元化的培养方式。一方面，要建立学校教育和实践锻炼相结合、国内培养和国际交流合作相衔接的多元化培养体系。坚持以提高农业科技创新能力和实践能力为核心，以农业农村经济发展需要和农民现实迫切需求为导向的培养体系，注重在实践中发现、培养和成就人才，突出培养农业科技人才的科学精神、创造性思维和创新能力，培养开发一批高层次创新型农业科技人才。另一方面，要完善发展职业教育培训机制，加快人才培养基地建设。整合培训资源，充分利用高校、职业院校和各类培训机构的教育培训资源，形成统一规划、合理分工、多元组合的人才教育培训基地。不仅要利用各种民间组织、社会团体的培养渠道，开展对农业科技人才的培训，还要大力打造现代化远程教育，构建网络化、开放式、自主性的终身教育体系。

三、建立多元的农业科技人才培养保障体系

从开发投入保障体系、组织环境保障体系、激励分配保障体系、农业院校保障体系等方面入手，建立多元化的农业科技人才培养保障体系（图4-2）。

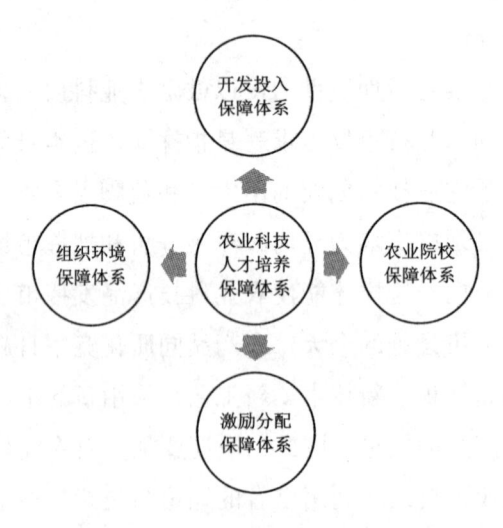

图4-2 农业科技人才培养保障体系

（一）开发投入保障体系

培养农业科技人才，应注重建立多元的农业科技人才开发投入保障体系，以政府投入为主体、非政府部门投入为补充。政府主要负责投资农业科技人才开发的领域，如农业生产技术研究人才开发、基础研究与应用研究人才开发、公益性农业科技研究与推广人才开发等。同时，非政府部门要在市场机制的作用下，对农业科技人才进行培养与开发，比如，市场前景好的农业科技研究活动人才开发、农产品深加工人才的培养与开发等。政府与非政府在农业科技人才开发投入上既有交叉，又有侧重，共同为农业科技人才的培养保驾护航。

（二）组织环境保障体系

组织中融洽的人际关系、轻松愉悦的组织氛围、积极向上的团队协作精神等外部环境，都会对个体产生一定的影响。因此，农业科技人才培养要先构建和谐融洽的组织文化和环境氛围，比如，向拥有高精尖技术的科技人才提供一定的科研经费和试验设备，在职称评定上以成果和水平为依据，打破"论职排辈"的观念，在生活上尽力帮助解决农业科技人才的住宿、家庭等问题。

（三）激励分配保障体系

完善的激励分配制度，是培养与留住农业科技人才的基础。要将与农业科技人才工资福利相关的政策，科学分类管理和对专业技术人才的倾斜政策落到实处，充分调动农业科技人才的工作积极性，吸引广大从事农业科技工作的人才献身农业、服务农民，推动农业科技事业的进一步发展。在此基础上，还要对职称评聘制度进行改革，根据不同岗位性质，实行差别化的职称评聘制度，特别是对在艰苦地区从事艰苦工作的农业科技人员在职称评聘上予以适当倾斜照顾。应结合当地实际，制定农业科技人才的表彰激励政策措施，充分体现和认可其劳动价值、知识价值、人才价值和创造价值，进一步激发其积极性、主动性和创造性。

（四）农业院校保障体系

教育对于人才培养开发具有基础性的重要作用，在农业科技快速发展的今天，农业院校是培养农业科技人才的主渠道和重要保障，承担着培养高素质、适应现代农业产业发展的创新型农业科技人才的重任。农业院校应充分发挥农业科技人才培养和农业科技创新相结合的优势，立足现代农业发展的实践需求，制定针对性和多元化的人才培养目标。农业院校必须全面分析现代农业经济发展对农业科技人才能力的新要求，分析农业科技对人才需求的新形式，结合学生自身特点和优势，在全面提高人才培养质量的基础上，着力培养适应现代农业经济发展需要的高层次农业科技人才。对此，农业院校应结合科技和时代文化的发展特点，采用信息技术手段实施教学，面向当今农业、农村发展和农民需求，提高学生的专业技能水平和实践能力，拓展学生的创新思维，为培养新时代创新型农业科技人才打下良好的基础。

农业院校在培养农业科技人才的过程中，要建立学校教育和实践锻炼相结合的原则，以提高思想道德素质和创新能力为核心，以农村农业经济发展需要和农民现实迫切需求为导向，注重在实现中发现、培育和造就人才，突出培养学生的科学精神、创造性思维和创新能力，培养一批高层次创新型农业科技人才。

第五章 科技创新对农业经济发展的驱动

第五章　科技创新对农业经济发展的驱动

第一节　农业科技创新概述

一、农业科技创新的内容

作为农业经济中十分重要的生产要素，农业科技创新涉及知识、技术、成果、产品4个方面的创新，这里主要从技术创新层面探讨农业科技创新的主要内容。

从技术层面看，农业科技创新包括产品技术创新、工艺技术创新、生产设备技术创新等。产品技术创新是指农业为了满足不断变化的市场需求，提高经济效益，因而不断向市场推出新产品的一种创新方式。新产品一般可分为两种类型：一是内在性的新产品。这种产品是由科学技术的进步和工程技术的突破而产生的创新产品，或者是在科学技术进步的基础上，在技术和工艺方面进行了显著改进而产生的创新产品。这种创新产品也是需要大力发展和研究的产品，在市场机制下，需要通过技术进步，改良农产品的生产过程，创新农产品。二是外在性的新产品。这种产品与原有的同类产品相比，并没有本质上的区别，但在产品外观、包装等方面有了显著的改进。对于促进农业经济发展来说，外在性的新产品同样重要。产品规格单一、包装简单粗糙的农产品，就算在功能效用方面达到了较高的水平，但仍无法在市场当中获得长久发展。所以，既要注重内在性的产品技术创新，又要注意外在性的产品技术创新，将两者有机结合。

工艺技术创新主要是指农产品加工技术的创新。农产品加工是把农产品按其用途分别制成成品或半成品的生产过程，针对原料的加工程度而言可分为初加工和深加工。加工程度浅、层次少，产品与原料相比，理化性质、营养成分变化小的加工过程可称为初加工；加工程度深、层次多，经过若干道加工工序，原料的理化特性发生较大变化，营养成分分割很细，并按需要进行重新搭配，这种多层次的加工过程称为深加工。深加工是在应用现代科学技术的基础上所进行的现代化加工方式，它是建立在社会化生产和工业技术基础之上的，是随着现代科学技术的发展而发展起来的。农产品加工技术的创新，对于进一步扩大市场，促进农业经济发展具有重要意义。同时，农产品加工技术的创新总是与农业技术进步有着密切联系，它需要运用各种科学知识和新的技术革命成果来改进农产品加工工艺。

生产设备技术创新是指将新的科学技术应用在新生产设备的制造或旧设备的改进方面，并使这些生产设备在新的生产过程中取得好的效果。在农业领域，生产设备技术创新主要包括与农业机械化相关工具的发明与改进、新型动力的引进等，这种技术创新方式能够大幅提高农业生产率。

二、农业科技创新的过程

（一）科学技术人才储备阶段

创新农业科技，首先应储备具有农业科学知识和先进农业技术等专业知识的科学技术人才。农业科技人才的储备，对于实现农业现代化具有十分重要的意义。农业科技人才不仅包括本地培养的人才，还包括外地引进的人才；既包括正规教育培养的专业人才，也包括业余自学、短期培训等非正规教育培养的人才；既包括农业科学家、技术人员，也包括农业管理、技术人员等，这些人员都是农业科技人才重要的储备力量。

（二）科学研究阶段

这一阶段包括应用基础研究和应用研究。应用基础研究主要是探索基本理论问题，以掌握自然界物质运动的规律性和自然现象的内在联系，如生物固氮、光合作用、遗传理论等方面的研究。应用基础研究的成果

第五章 科技创新对农业经济发展的驱动

可以用来指导应用研究。应用研究是以应用基础研究为基础，研究可以应用于生产实践的方法技术或物质技术，其中方法技术包括灌溉技术、栽培技术、植保技术等，物质技术包括优良品种、生产工具、机器设备等。应用研究的成果一般能够直接用于生产实践，这一阶段的研究是将科学理论成果转化为生产技术的过程。

（三）技术试验阶段

农业科技创新需要进行田间试验，主要原因有两个：一是科研成果是在特定的自然条件和栽培条件下形成的，而这些特定的适宜条件又是在小面积内提供的，受其他因素的影响很小。因此，它不可能完全适合各地、各种条件的大面积生产。只有经过技术试验阶段，才能确定其在当地推广应用的价值。二是一项先进的科研成果在不同的自然条件、栽培技术、生产条件、耕作条件等因素的影响下，可能会出现完全不同的效果。如果不经过技术试验阶段，就盲目地进行技术应用，其结果是难以想象的。因此，一项新的农业技术必须经过田间试验，这种试验不仅可以验证研究成果能否适应当地条件，还可以通过可行性研究，找出在当地条件下的品种、作物群体、栽培管理等方面最适宜的技术。

（四）技术传播阶段

这一阶段主要是向农民提供新技术信息和帮助他们解决怎样使用新技术的问题。推广示范是较为有效的传播方式，但它并不是一种单纯的"示范"，而是促进农民自行实验的一种手段。只有通过直观性展示，并看到实际效果，才能使农业劳动者接纳新的农业技术。

农业科技创新实际上是一个过程行为，整体来看，这一过程包括农业研究机构提供技术供给，农业技术推广者进行技术传播，以及农业生产经营者对农业技术产生需求与采纳。此外，农业基础的创新还需要一定的社会条件和政策环境作为支撑，比如物资供应、社会服务组织、相关政策法规等。

农业科技创新的各个阶段都需要多个参与主体协调配合，发挥出自身的优势，其中在农业科技创新的人才储备、科学研究、技术试验阶段，需要由农业研究机构提供技术供给；在农业科技创新的技术传播阶段，需要由农业技术推广者进行技术传播。同时，传播阶段需要农业生产经营者的参与，农业生产经营者是产生技术需求、采纳农业技术的主体，也是农业科技创新的应用主体（图5-1）。

图5-1 农业科技创新的主要过程

三、农业科技创新的影响因素

农业科技创新的影响因素主要包括预期收益、市场需求规模、科研投入水平、技术推广等。

（一）预期收益

从行为上看，农业科技创新不仅属于一种经济行为，还属于一种高投入、高产出的社会行为，这就决定了农业科技创新会在一定程度上使农业科技创新的行为主体获得较好的预期收益。正是在这种预期收益的驱动下，农业科技创新行为主体才会不断采纳新技术，提高农业生产水平。然而，农业生产受自然因素的影响较大，新技术的采纳有一定的风险性，如果缺乏完善的农业风险投资机制，农民对农业科技创新行为产生的预期收益信心不足，就会对农业新技术的采纳程度产生影响。

（二）市场需求规模

农业科技创新的市场需求规模主要是针对农业科技有效需求而言的。

从市场经济规律角度看，农业科技有效需求的强弱决定着农业科技创新行为的成功率。农业科技有效需求越小，农业科技创新行为的成功率就越低，反之，农业科技创新行为的成功率就越高。农业科技有效需求的不足，会对农业科技创新行为所产生的市场需求规模形成一定的限制。

（三）科研投入水平

农业科技创新形成产生的前提之一就是有源源不断的科技成果出现，而科技成果的形成需要一定的人力、财力和物力。如果缺乏必要的科研投入，势必会导致技术工艺跟不上农业生产对适用技术更新的实际需求。足够的科研投入包括开展农业科技活动所投入的科技资源，主要涉及农业科技创新行为的资金投入的规模和强度等方面的内容，它是产出高水平创新成果的必要条件。

（四）技术推广

农业科技推广是促进农业科技创新形成的重要环节，主要是通过培训、宣传、示范、指导等渠道，向农业生产经营者提供先进技术信息，传播农业科学知识，使新技术得到扩散和传播，促进农业科技转化为现实生产力。农业科技推广是确保科技创新取得良好效果的关键因素，这是因为农业生产的自然属性和农业科技的地域适应性会使得农业科技推广在农业科技创新过程中，起到"催化剂"的作用。

四、农业科技创新的主要内容

科技创新主要由知识创新和技术创新两部分组成。知识创新是指通过基础研究和应用研究以及相关学科的实践，获得新的基础科学和技术科学知识的过程。技术创新是知识创新的延伸与深化，是应用创新知识，服务市场并实现价值的过程。在农业经济发展中，农业科技创新同样包括农业知识创新和农业技术创新两部分内容（图5-2）。

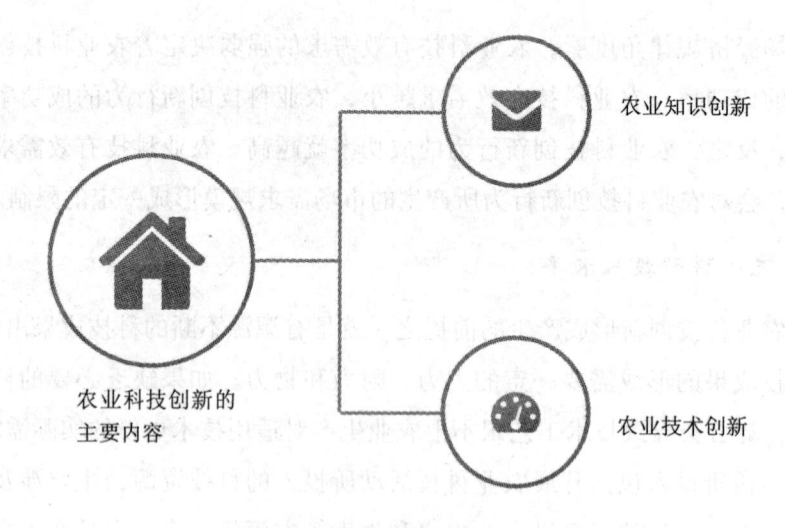

图 5-2　农业科技创新的主要内容

（一）农业知识创新

农业知识创新的目的是追求新发现，探索新规律，创立新学说，产生新方法。农业知识创新是农业技术创新的基础，是农业新技术和新发明的源泉，是促进科技进步和经济增长的革命性力量。农业知识创新对于推动农业和农村经济发展，促进农业科技进步具有重要的战略意义和作用。农业知识创新的水平，是一个国家农业科技进步的重要标志之一，只有拥有较高的知识创新能力才能在国际科技竞争中立于不败之地。现阶段，我国农业和农村经济的发展，对农业知识创新提出了新的、更高的要求。实现由传统农业向现代农业的转变，切实发挥科技在农业发展中的支撑作用，必然要把农业科技发展建立在较高的农业知识创新基础之上。进一步加强知识创新能力，是现阶段农业科技发展的重要方式，是实施科教兴农和可持续发展战略的重要举措。

现阶段，我国农业科技创新必须以增强自主创新能力为核心，紧紧围绕全面提升我国农业综合竞争力，实现农业科技的跨越式发展。

第五章　科技创新对农业经济发展的驱动

（二）农业技术创新

农业技术创新是在农业知识创新的基础上进行的，具有明确产业目标与经济目标的创新活动，其中包括获得新技术、新工艺、新产品与新方法等。加快农业技术创新，是提高农业竞争力、保持农业经济持续发展的关键，是促进农业现代化建设的重要举措。农业技术创新离不开政府的引导和推动，政府在促进农业技术创新发展的过程中，应充当制度供给者、环境营造者和主要投资者的角色。农业技术创新周期长、资金需求量大，具有外部性和不确定性等特点，因此农业技术创新需要政府提供一定的制度保障和激励措施，营造良好的创新环境。此外，农业技术创新也需要农业科研机构将研究成果转化为现实的生产力。农业科研机构是进行农业技术创新的主体，应尽快建立起结构合理、精准高效的农业科研体系，机制灵活、形式多样的农业技术推广体系和统筹直辖式的农业科技管理体系，形成科研、开发、推广相结合，产、学、研一体化的农业科技运行机制。

实施农业科技创新，除了需要注重农业知识创新和农业技术创新之外，还应大力实施科技创新人才战略，为农业科技创新提供必要的基础保障。实施科技创新人才战略就是要通过农业科技创新人才队伍结构的调整与优化，建立一支高水平和具有持续创新能力的人才队伍。科技创新人才队伍建设是自主创新能力建设的核心，因此要加强农业科技人才队伍的建设力度，加大农业科研设施建设、科研机构运行、科技创新人才引进和培养的投入力度，完善农业科技人才的管理制度、评价体系和激励保障制度，加快推进农业科技发展。

五、农业科技创新的实现路径

（一）加强农业科学技术研究

为了促进农业科技的创新，应立足当前，着眼未来，统筹规划，加强农业科学技术研究。首先，要加强生物技术的基础性研究，努力在理论和方法、基因工程实用化、病虫害防治等方面有所突破，要立足当地农业比较优势和农业科技创新瓶颈，将提高自主创新能力摆在农业科技工作的突出位置，加快解决当地农业发展的科技难题。其次，应重点聚焦乡村振兴的重大科技需求，把握农业科技与产业结合日趋紧密的趋势，加强以引领性、突破性、颠覆性为显著特征的生物技术以及以物联网、大数据为依托的智慧农业技术和高效农机装备的研究。再次，应优化农业科技创新力量布局，构建适应"高效、高产、生态、安全"发展要求的农业全产业链、供给链现代化，塑造高端化、智能化、绿色化、农业发展新优势。重点突破一批契合当地农业高质量发展需求的重大新技术、新模式、新品种和新产品，努力建设农业科技优势领域。最后，健全农业科技创新激励机制，完善科研机构、高校科研人员与企业人才流动制度，激发科技人员创新创业的积极性。

（二）明确农业科技创新的服务目标

现代农业的快速发展，对新型农业经营主体的发展提出了更高的要求。农业科研单位应深入研究新型农业经营主体的科技需求，针对经营主体发展的需要，统筹农业科技创新思路和目标，配置科技基础能力建设和学科资源，不断促进农业功能拓展，促进生物农业、设施农业、绿色农业的科学发展。农业科研机构要从实际生产需求出发，重点研究规模生产、成本节约、设施生产、防灾减灾等生产新技术、新品种、新模式，满足农户增收、增效的核心需求。农业科研机构还要努力解决农产品生产、包装、储藏运输等农民专业合作经济组织较为关心的问题，使其明确土地、农资等基本资料配置与产出的数量关系，并与农户建立紧密的利益联系，研究促进农户专业合作经济组织发展的政策措施、服务措施。另外，农业科研机构要加速农业新品种、新产品的研发与推广，发展新兴产业和功能食品，实现农产品由初级加工向精加工转变，促进农业龙头企业转型升级。

（三）深化科技管理体制机制改革

一是理顺当地科研机构的关系，改革传统科研管理模式，建立新型协同创新机制，实现跨单位、跨学科、跨领域组建科研协同创新团队，打破单兵作战和单项技术创新的模式，实现农科教紧密结合、产学研相互衔接。二是创新科研组织方式，统筹当地科技资源，探索农业科技创新资源布局，联合各类创新主体，集聚各类创新要素，推进完善重大项目联合攻关、重大创新平台共建共享的新型组织模式。三是优化科研投入机构。根据农业科研周期与规律，加大对基础类、公益类农业科研机构的支持力度。为保障科研人员集中精力潜心搞科研，解决好科研和生产不协调的突出问题，将农业科研投入农业科研机构中，用于产学研自主选题和重大成果持续攻关研究，由政府相关主管部门统一掌握，供创新团队自由竞争申请，支持需要自由探索的项目和跨专业协作研究项目。四是完善分类评价和绩效考核制度。进一步健全竞争和激励机制，优化分类考核与综合评价制度，推动农业科研机构评价由"唯论文、重奖励"向"崇创新、重贡献"转变，构建以技术研发创新度、产业需求关联度、产业发展贡献度和科技服务满意度为核心的考核评价指标体系。鼓励和支持农业科技人员创新创业，提高创新积极性。五是深化农业科技成果产权制度改革。加大对农业知识产权侵权的惩治力度，建立农业知识产权创造、运用、保护、管理、服务等全链条保护制度。健全以价值为导向的成果转化激励机制。

（四）打造农业高新技术产业化高地

采取措施多元化推动农业科技成果的转化与应用，健全政府主导的农技推广体系，探索推行农技推广机构与农业科研机构合并运行，积极推进"订单科研"服务。另外，还应创建多样化的农业科技成果转化示范基地，搭建成果展示、推介和交易平台。一是参照高校"双一流"建设方案，设立公益性农业科研机构基本科研业务费专项资金和创新能力提升专项资金。二是做强农业科技园区建设。完善考评和进出机制，真正让农业科技园区成为科技成果的"孵化器"。充分发挥地方资源禀赋和比较优势，推进区域农业科技园区和谐共生。竞争有序，实现更高水平的协调发展。三是推进农业技术高新园区升级建设，大力发展科研平台和高新技术企业，将其打造成农业科技产业化龙头和成果转化应用"第一阵地"。

（五）加强农业科技协同创新体系建设

加强省、市级农业科研机构与国家级科研机构的交流与合作，形成多元化的协同创新模式，进一步完善当地现代农业产业技术体系。以龙头企业为主体，设置各级农业产业科技创新中心，搭建一批多方联合、高效实用、服务产业的院士工作站和产业研究院等农业科技创新平台。

六、农业科技创新评价

农业科技创新评价是指遵循一定的原则、程序和标准，运用科学的方法对农业科技创新活动的科学性、可行性和效益进行评判的活动。[①] 对农业科技创新进行正确的评价是农业科技创新管理工作的基础保障和关键环节。构建科学的农业创新评价机制，建立科学的农业科技创新评价体系，对于农业科技创新的工作正常开展，促进农业经济的发展等都有着十分重要的作用。

农业科技创新的评价机制包括评价目标、评价对象、评价标准、评价过程、评价结果与反馈等。其中评价目标是为了更好地促进农业科技创新，这一目标是农业科技创新评价机制的基础，决定着整个农业科学创新的大方向，应贯穿农业科技评价的整个活动。农业科技创新的评价

---

① 边全乐.农业科技评价及其问题与建议[J].中国农学通报，2009，25（11）：277-283.

对象从广义上看，包括农业科技机构、农业技术领域发展、农业科技计划、农业科技项目、农业科技人员、农业科技成果及转移情况等；从狭义上看，主要包括农业科技创新活动和创新成果的评价，从事农业科技创新的机构和人的评价两大类。

农业科技创新的评价标准是实施科技评价的基本依据，它会因评价对象和具体评价活动的变化而有一定差异，还会受到政策、目标等因素的影响。这就需要根据实际情况，建立起农业科技创新综合能力评价体系。对农业科技创新能力进行综合评价，应从多个角度选取不同的指标，从不同的侧面反映整体创新情况。比如，可以从潜在能力、发展能力、产出能力和贡献能力4个方面建立农业科技创新的评价体系，并在此基础上，细分为科技投入、科研机构、科研课题等指标。确定各指标之后，要对各项指标的权重进行衡量，进而建立起科学化的农业科技创新综合能力评价指标体系，如表5-1所示。

表5-1 农业科技创新综合能力评价指标体系

目标层	准则层	指标层	单位	权重（%）
农业科技创新综合能力	农业科技创新潜在能力	科技投入	万元	40
		科研机构	个	30
		科研课题	个	30
	农业科技创新发展能力	农业科技创新科研人员投入	人	70
		高素质农业从业人员数量	人	30
	农业科技创新产出能力	科研论文著作数量	篇	15
		专利申请授权数量	个	25
		获奖农业科技成果数量	个	60

续表

目标层	准则层	指标层	单位	权重(%)
农业科技创新综合能力	农业科技创新贡献能力	单位面积农业总产值	万元/公顷	30
		农业机械使用面积	万公顷	15
		设施农业建设面积	万公顷	15
		单位产值化肥施用量	万元/吨	20
		单位产值农药施用量	万元/吨	20

第二节 科技创新对农业经济发展的作用

农业发展离不开农业科技的发展，特别是农业技术的创新。从广义上讲，农业技术的创新是在农业生产体系中引入新的动植物品种或生产方法，以实现农业生产要素的重新组合和生产效率的提高。农业技术创新的主体不仅包括政府、农民、农业科研机构，还包括高等农业院校、农业科技企业、农业技术推广和服务机构等。农业科技的创新与进步对农业经济的作用主要表现在以下几个方面：

一、促进农业经济高质量发展

农业经济增长，既包括数量上的增多，也包括农业经济系统质量的提高。这种质量上的提高是通过农业技术的创新与进步实现的，如农副产品附加值的提高、资源成本的降低。促进农业经济发展的生产要素主要包括人力资本、土地资源以及科学技术等，但因农业资源有限，制约着农业经济的发展，因此只有进行技术创新，才能促进农业资源的进一步开发与利用。此外，技术进步作为现代经济增长的主要动力因素，不仅能自身形成递增收益，还优化了劳动、土地和资本等要素的组合，提高了农业投入要素配置效率，从而使整个农业生产的规模效益递增，促进农业经济高质量发展。

　　农业技术的创新与进步对于农业经济的发展有着十分重要的促进作用，已经成为现代农业不断前进的主要动力因素。农业技术进步的核心就是将科学研究所创造的技术应用于农业生产过程中，形成现实的农业生产力。因此，加快农业科技产业化和科技成果转化，实现科技与经济的融合，是我国农业经济增长方式转变的关键。要想实现科技与经济的有机结合，加快科技成果向现实生产力的转移，必须进一步深化改革经济体制与科技体制，要建立起有利于自主创新的技术进步机制，布局合理的科学系统结构并建立富有活力的运行机制，提高技术进步在农业经济中的贡献率。

　　农业的高质量发展，不仅是指农业要向社会提供优质安全的农产品，还是指农业要向社会提供清新美丽的田园风光、洁净良好的生态环境。与此相适应，质量兴农、绿色兴农，将成为农业发展的主旋律，质量变革、效率变革、动力变革，将成为推动现代农业发展的重要因素。科技是第一生产力，推动农业发展的质量变革、效率变革、动力变革，实现质量兴农、绿色兴农，在很大程度上取决于农业科技创新。

　　当前，农业科技革命正在不断深化。农业科学与技术一体化发展趋势日益明显。科学理论推动技术突破、技术发展拉动理论创新的趋势更加突出。农业科技交叉化、分支化并行发展，同时向广度、深度不断进军。农业科技与产业的结合日趋紧密。产业需求驱动技术创新，技术创新促进产业发展，越来越成为普遍现象。以引领性、突破性、颠覆性为显著特征的生物技术成为引领农业科技革命的新引擎；以物联网、大数据、云计算为依托的智慧农业技术成为未来农业发展的新航标；高效农机装备成为农业现代化的加速器。要跟上农业科技革命的步伐，我国农业科技创新任重而道远。

二、促进农业产业结构调整

科技创新和科技服务对于农业产业结构调整具有一定的促进作用。这种促进作用主要是通过提高劳动者素质，改善生产物质条件，扩大农业带动范围来实现的。这就需要彻底消除科技通向农户的各种障碍和约束，实现技术推广、技术开发、技术服务有机结合，以技术促进农业产业结构调整。要通过科普示范基础建设，广泛推广优良农作物品种，全面提高农产品质量，发展以绿色食品、果品为主的农副产品，继续推广、完善科技特派员制度，鼓励广大科技人员实行科技承包，建立起科技人员与农户之间的利益共同体，使科技真正成为因地制宜进行农业产业结构调整的助推器。

三、促进农业可持续发展

农业科技创新对于促进农业可持续发展、绿色农业发展具有明显的推动作用，特别是作为科技创新的有机组成部分——绿色农业科技，作用于农业经济生产、再生产的全过程，属于一种动态连续的科技创新。绿色农业科技是推进农业可持续发展的动力，是发展绿色农业的重要支撑。以科技创新推进农业可持续发展，通过创新机构、创新基地、创新机制、创新资源和创新环境，建立起新型的绿色农业科技管理体制和运行机制，建立高效精干、富于创新精神的绿色农业科技队伍，对于推动农业可持续发展有着十分重要的意义。

绿色农业科技创新能够建立合理的资源配置机制，提高农业要素生产率水平，促进绿色农业的持续健康发展。因为不同的科技创新类型适应不同的资源禀赋条件，这样一来，科技创新便能够有效提高农业生产中的资源配置。从节约资源角度看，科技创新可分为节约劳动的科技创新、节约资本的科技创新以及中性科技创新。节约劳动的科技创新是指通过科技创新，能够带来产品成本中劳动投入比重的减少，同理，节约

第五章　科技创新对农业经济发展的驱动

资本的科技创新是指通过科技创新，能够带来产品成本中资本投入比重的减少。中性科技创新是指通过科技创新，能够带来产品成本中劳动与资本的节约相对均衡。同时，农业生产中资源禀赋的差异决定着绿色农业科技创新偏向以技术进步，调整资源要素投入与产出之间的关系。因此，绿色农业科技创新能够调整农业资源要素之间的配置比例，进而提高农业生产率水平。

作为现代生产力中的活跃因素和主要的支撑力量，科学技术物化在物质生产力的各要素之中，促进了农村生产力的进步。随着绿色农业科技创新的出现，绿色农业科学技术迅速转化为现实生产力，绿色农业生产企业的出现，使农业经济结构发生变化，进一步推动绿色农业获得更广阔的发展空间，促进农业可持续发展。

为进一步促进农业可持续发展，要坚持农业绿色发展理念，围绕解决农产品生产效率、质量安全、环境可持续发展等问题，推进农业供给侧结构性改革，实施科技创新和藏粮于技、藏粮于地战略，推动生物技术、信息技术、材料技术等现代科学技术在良种培育、高效生产、食品安全、资源利用和装备制造等领域的广泛应用，为农业可持续发展提供强有力的科技支撑。具体来看，需要采取以下措施（图5-3）：

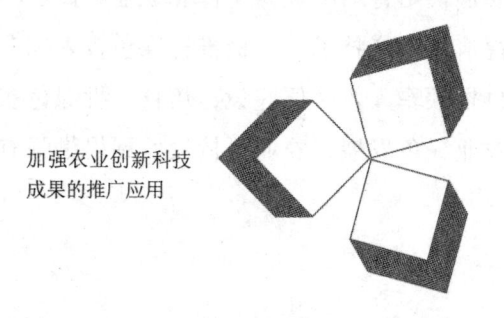

图5-3　促进农业可持续发展的科技支撑措施

第一，加快推进农业科技领域的创新突破。当前，要围绕农业绿色发展、农业可持续发展的新要求，将保障农产品质量安全、促进农业可持续发展作为农业科技创新的主攻方向。要引导科研人员遵循资源节约和环境友好的基本原则培育新品种，研发新型肥料和高效、低毒、低残留的病虫防治手段，并加大农业污染防治、农业废弃物资源化利用和农产品产地污染治理修复等实用基础研发力度。要加快科研体制改革，推进资源整合，打破部门、区域、单位和学科界限，大力开展农业科技协同创新，争取尽快取得突破性成果，为发展现代绿色农业提供有效支撑。

第二，加强农业创新科技成果的推广应用。推广是决定科技创新成果能否转化为现实生产力的关键。在农业生产实践中，积极推广绿色科技，加强农业绿色生产技术研发和推广，鼓励产学研协同创新，推动科研院所、高校和企业合作共建绿色农业科技创新联盟，形成现代农业产业技术体系和创新团队。

第三，健全农业绿色发展的人才支撑体系。农业科技领域的创新突破，需要人才队伍作为支撑。要以农业可持续发展、农业绿色发展为导向，健全农业绿色发展的人才支撑体系。对农业绿色发展人才培养提起足够重视，将农业资源的节约利用、产地环境保护、生态服务功能提升等内容纳入农业人才培育方案当中，培养具有绿色发展理念、掌握绿色生产技术的实用人才。要加快培育新型经营主体和职业农民队伍，引导他们转变生产方式、重视清洁生产技术，积极推行绿色投入，开展绿色生产。要加强绿色农业科技领军人才队伍建设，培育一批绿色农业产业技术创新团队，为促进农业绿色发展、农业可持续发展提供强有力的人才支持。

第五章 科技创新对农业经济发展的驱动

第三节 强化农业科技创新对农业经济发展驱动作用的策略

一、强化农业知识创新驱动作用的策略

(一)制定规划,加强知识创新方向和重点研究的宏观指导

为了强化农业知识创新对农业经济发展的驱动作用,要制定规划,加强知识创新方向和重点研究的宏观指导。农业知识创新既不同于农业技术创新,也不同于其他行业的知识创新,其创新难度大,周期长,投入多,连续性明显,需要开展大量、连续、稳定的研究与创新活动才能最终获取新知识。因此,要在国家中长期科技发展计划的基础上,制定农业知识创新规划,确定近期、中期和长期发展目标和重点研究任务,提出实施步骤和措施,提高我国农业持续创新能力。要按照建设国家农业知识创新体系的要求,重点发展农业高等院校和科研机构,逐步完善地方农业技术创新基地、农业研究与产业开发基地和培养农业科技人才的基地,为进一步发展农业经济提供强有力的科技支撑。要在充分运用和遵循自然规律、社会规律的同时,发挥政府的宏观调控作用,统筹规划,突出重点。对我国有优势、应用关联度大,以及有利于解决农业与农村经济重点、热点、难点问题的技术和产业领域,优先规划一批知识创新项目,集中力量协同攻关,取得突破。

(二)深化改革,建立现代农业知识创新体系

为了强化农业知识创新对农业经济发展的驱动作用,要深化改革,建立现代农业知识创新体系。按照农业知识创新要求,对农业知识创新机构进行分类定位,建立起有利于农业知识创新的运行机制,从人员管

理、财政投入、收入分配制度等方面向有利于农业知识创新目标调整。要通过对农业机构的统筹规划、深化改革，实现农业的战略性结构重组，坚持层次分明、结构优化、精干高效、适应现代农业建设需要，具有强大农业知识创新能力的农业知识创新体系。

（三）调整农业科技学科专业设置

为了强化农业知识创新对农业经济发展的驱动作用，要加强农业基础科学的发展，调整农业科技学科专业设置。国家重大基础研究计划、国家自然科学基金立项、国家重点实验室的建立，要为农业经济的发展提供良好的学科专业结构环境，集中力量优先发展带动农业科技革命的新兴学科，重视产前、产中、产后学科的建设，根据农业科学综合化的发展趋势，重视综合学科的发展。

二、强化农业技术创新驱动作用的策略

（一）注重先进性，大力发展农业高新技术

强化农业基础创新对农业经济发展的驱动作用，必须注重农业技术的先进性，在充分发挥传统农业技术优势的同时，以农业高新技术为主攻方向。农业高新技术主要包括农业生物技术、农业信息技术、现代农业资源与环境工程技术3大类。各类在应用中又可细分为遗传育种技术、传感技术、数据库技术、新能源技术、新材料技术、精确农业技术等，如表5-2所示。

表5-2　农业高新技术及其应用

领域范畴	技术开发层面	产业应用层面
农业生物技术	基因工程	遗传育种、转基因育种
	细胞工程	植物快速繁殖、动物快速繁殖

续　表

领域范畴	技术开发层面	产业应用层面
农业生物技术	酶工程	农业生产素生产、生物农药
	微生物（发酵）工程	畜禽疫苗、药用保健食品
农业信息技术	传感技术：遥感技术（RS）、地理信息系统（GIS）、全球定位系统（GPS）	智能化农业专家系统（AES）的建立模型模拟的农业决策支持系统（DSS）的建立
	远程通信技术	3S（遥感技术、地理信息系统、全球定位系统）支持下的精确农业（PA）技术开发
	计算机网络技术	计算机网络技术的农业应用
	数据库技术	农业管理信息系统（MIS）数据库的建立
现代农业资源与环境工程技术	新能源技术	高效水资源利用技术
	新材料技术	田间信息实时采集技术和设备
	环境控制技术	农业环境可控技术
	工程管理技术	农业智能机械和设备
	海洋技术	设施（工厂化）农业
	空间技术	
	诊断施肥技术	动植物产品安全生产技术
	无疫害生产	无疫害化生产技术体系

高新技术向农业领域渗透，是强化农业基础创新驱动作用的主要方式，是改造传统农业、实现农业增长方式根本转变的重要途径。以国家高新技术发展计划作为指导，大力发展农业高新技术，有计划、有步骤地在全国各大经济区建立并完善一批农业高新技术研究开发基地和农业高新技术园，尽快形成一支具有较高水平的农业高新技术科研开发队伍，大力发展对农业经济产生直接效益的农业高新技术。

(二) 健全农业科研投入机制，确保农业技术的有效供给

农业技术，尤其是高新技术的产生，是建立在一定科技投入水平基础之上的。只有建立健全的农业科研投入机制，才能保证农业技术的有效供给。要理顺农业科研投入与产出的关系，继续加大国家对农业科研的投入强度。在目前以及将来的一段时间里，政府对农业科技事业的支持是农业科技单位存在和发展的必要前提。因此，要积极推进政府主导的多元化、多渠道农业科研投入机制建设，适当增加公益性农业科研专项经费，重点突破制约粮食生产的育种、病虫害防控等技术难题。

(三) 着力推动农业技术推广体系创新和能力建设

引导和鼓励涉农企业、农民专业合作经济组织开展农业技术创新和推广活动，构建以国家农技推广机构为主体、科研单位和高等院校广泛参与的农业科技成果推广体系。要继续统筹安排农业科技成果转化机制，促进农业技术成果的研究、试验和推广普及。要深入实施科技入户工程，深化农业科技成果进村入户的有效机制，积极培育粮食生产科技示范户，培育新型农民，逐步增强他们的农业技术应用意识和科学种粮技能。

总之，要建立优化整合农业科技规划、计划和科技资源协调机制，促使国家重大科研基础设施和大型科研仪器向社会开放。加强对企业农业科技研发的扶持，使企业成为技术创新和应用的主体，加快农业科技创新，争取在生物育种、智能农业、农技装备、生态保护等领域取得重大突破。

为强化农业科技创新对农业经济发展的驱动作用，要健全农业技术转化机制，强化农业科技创新和产业创新转化的动力支撑。建立农业科技协同创新联盟，依托国家农业科技园区搭建农业科技融资、信息、品牌服务平台，探索建立农业科技成果交易中心，充分发挥科研机构、高校及职业院校、科技特派员队伍在科研成果转化中的作用。

为强化农业科技创新对农业经济发展的驱动作用，要积极推进种业

第五章　科技创新对农业经济发展的驱动

人才发展和科研成果权益改革试点，完善成果分享制度，继续实施种子工程，推进育种制种基地建设。加强农业转基因生物技术研究、安全管理、科学普及，支持农机、化肥、农药企业技术创新。同时，应因地制宜地探索现代农业科技创新路径，加强农业科技和创新能力建设的统筹规划，健全财政引导的农业科技多元融资机制。

为强化农业科技创新对农业经济发展的驱动作用，要完善创新创业环境，引导服务主体通过转型升级推进科技与经济融合发展，用产业链、供应链、价值链等现代产业发展理念和组织方式创新科技与经济融合发展的途径，推动农业科技创新、业态创新、商业模式创新和组织制度创新协同发展。

为强化农业科技创新对农业经济发展的驱动作用，要围绕农业农村经济发展的重要领域、关键领域进行大团队科技攻关，创造出更多提质量、增绿色、促强农的重大科技成果，加快推进现代农业转向提质导向，扎实推动现代农业走向绿色发展道路，全面增强农业可持续发展能力，为质量兴农、绿色兴农打下坚实的科技基础。

为强化农业科技创新对农业经济发展的驱动作用，要建立健全法律法规政策。只有以完善的法律为前提，才能更好地推动农业科技创新，促进高新技术产业的发展，使农业高新技术顺利转向农业生产第一线，真正将科学技术转化为生产力。

第六章 科技创新驱动下的农业建设与发展策略

第六章 科技创新驱动下的农业建设与发展策略

第一节 智慧农业建设

一、智慧农业的含义

智慧农业是利用互联网、物联网、人工智能等现代科学技术对农业进行改造，通过数字化技术设计农业生产要素，通过智能化控制农业物联网的技术和产品的一种现代化农业生产模式。智慧农业是现代农业发展的重要方向之一，是科学技术促进农业经济发展的具体表现。

虽然，与其他行业相比，数字化、自动化和智能化技术在农业领域中的应用较晚，但目前这些技术对农业经济的发展已经产生了十分重要的影响。当前，"互联网+现代农业"信息平台建设在农业科技创新、基层农技推广、农民教育培训、现代农业产业技术体系等多个方面都能够为人们提供大量的信息，帮助人们实现农业信息互联互通，形成业务信息交换与报送机制，实现网络化、动态化、规范化的农业经营目标。技术的进步、巨大的市场需求都在推动农业与科技加速融合，未来无人机、智能农业机器人等智慧化农业技术或将成为田间地头的标配。

智慧农业，是物联网技术与传统农业的深度融合，它涉及农业信息快速获取、土地管理、农田种植、农药利用、污染控制、农业工程设备及其产业化技术等多种农业高新技术，能够实现农业技术的全面感知、智能处理、自动控制。在智慧农业中，可以通过传感器对农作物的生长区域进行远程科学检测，有效减少人力消耗，节约资源，增强农业抗灾减灾能力，提高农业生产效率。比如，宁波地区通过运用物联网技术收集、分析葡萄园内的土壤温度、水分含量、空气湿度等信息。这些即时数据是由看不见的无线传输网络来完成采集和传送的，大大降低了人工成本。另外，智慧农业，除了利用大数据对农业进行生产管理，其互联网技术还可以通过提供农业信息服务，减少市场交易风险，对产品质量进行追踪溯源，提高农业生产流通销售的效率。比如，广西农垦源头农场全面建立农产品质量追溯系统，他们生产的每个柑橘都带着农产品质量安全追溯系统的安全信息条码远销海内外，这样不仅提升了农产品质量安全水平和全程监管能力，还为农场提高经济效益。总之，在农业领域中，无论是生产经营环节、交易运输环节，还是管理服务环节，都需要与当前快速发展的信息技术进行有效融合，以便更好地满足市场需求，实现高产、高效、优质的发展。

　　智慧农业中的现代化科学技术主要包括传感技术、智能技术、网络技术及自动控制技术等，其中传感技术用来采集动植物的生长环境和生育信息，智能技术用来分析动植物的生产情况和环境条件，而网络技术主要通过移动互联网技术来传输信息，自动控制技术可以根据动植物的生长情况来对环境进行相应的调节，使环境更加适合动植物生长。

　　智慧农业不同于现代农业，更不同于传统农业，它是现代信息化技术与人类经验、智慧相互结合所形成的一种新的农业形态。传统农业普遍采用的是人工管理模式，难以利用有效的技术手段采集农作物、牲畜的生产环境数据，只能采用手工控制的方式实现对灌溉、水帘、遮阳网、抽风机等设备的控制，耗费人力和时间，并且农业劳动者对农业信息的把握随机性较强。现代农业的传感数据相对较为单一，农业劳动对获取的数据还需进行手工统计和分析，缺乏智能化的数据管理和分析平台，也不能做到灾害预警和应对联动。而智慧农业集传感、存储、分析、联动于一体，不仅拥有多样化的传感数据，还能够实现对环境条件、动植物生长状况等的实时监控与控制，并对收集到的数据进行智能化处理，进而有效提升农业生产效率（图6-1）。传统的农业生产对气候、土地、水源等自然资源的依赖程度比较高，而智慧农业大幅降低了这种依赖。在智慧农业背景下，现代信息技术得到了充分的应用，能够在一定程度上将人的智慧转变为先进的生产力。智慧农业融入了多种知识要素，

第六章 科技创新驱动下的农业建设与发展策略

能够实现资本要素和劳动要素的投入效应最大化，使得信息、知识成为驱动农业经济增长的主导因素，使农业增长方式从依赖自然资源向知识资源转变。因此，智慧农业也是信息经济时代农业发展形态的必然选择，符合人类可持续发展的愿望。

传统农业	现代农业	智慧农业
• 人工管理，缺乏有效的技术手段采集农作物生长环境参数 • 采用手工控制实现对灌溉、水帘、遮阳网、抽风机等设备的控制 • 耗费人力，耗费时间，对农业信息的误判程度较高	• 传感数据相对单一 • 对获取的数据还须进行手工统计和分析 • 缺乏智能化的数据管理和分析平台 • 不能做到灾害预警以及应对联动	• 传感数据多样 • 集传感、存储、分析、联动为一体 • 实现远程监测和控制 • 智能数据处理

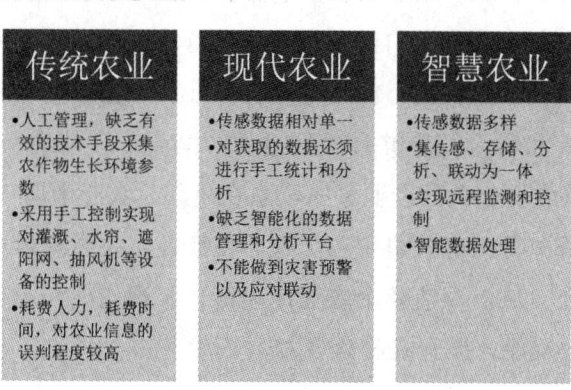

图6-1 传统农业、现代农业与智慧农业的对比

二、智慧农业的主要特征

（一）创新性

智慧农业是由信息技术迅速发展带动起来的农业，本身具有很强的技术创新性，代表着当前最先进的技术，如云计算技术、传感器技术等。智慧农业不仅能够带来农业市场运营及商业模式方面的创新，还能促进农业产业创新和农业企业创新，进而不断带动整个农业市场的快速发展。

（二）高效性

智慧农业具有高效性的特点，能够显著提高农业生产效率，提升农业竞争力。云计算、农业大数据可以帮助农业经营者便捷灵活地掌握天气变化数据、市场供需数据、农作物生长数据等信息，准确判断农作物是否该施肥、浇水或打药，避免了因自然因素造成的产量下降，提高了农业生产对自然环境风险的应对能力。同时，通过智能设施合理安排用工、用时、用地，还能够有效减少劳动和土地使用成本，促进农业生产组织化，提高劳动生产效率。互联网与农业的深度融合，使得农业物联网、农业大数据、农产品电商、土地流转平台等农业市场创新商业模式持续涌现，大大降低了人们信息搜索、经营管理的成本。此外，引导和支持专业大户、家庭农场、农民专业合作社、龙头企业等新型农业经营主体发展壮大和联合，能够有效促进农产品生产、流通、加工、储运、销售、服务等农业相关的产业紧密联系在一起，农业土地、劳动、资本、技术等要素资源得到有效组织和配置，使产业、要素集聚实现从量的集合到质的激变，从而再造整个农业产业链，实现农业与第二、三产业交叉渗透、融合发展，提升农业竞争力。

（三）生态性

与传统农业相比，智慧农业在生产过程中既需要将现代科技和管理方法科学地融入农业生产中，又要考虑生态环境持续发展和人类身心健康。智慧农业，作为集保护生态、发展生产为一体的农业生产模式，通过对农业精细化生产，能够有效实现农药精准科学施用、测土配方施肥、农业节水灌溉等目标，进而推动农业废弃物资源化利用，达到合理利用农业资源、减少污染、改善生态环境的目的，既能够保护好青山绿水，又能够确保生产出绿色安全优质的农产品。

三、智慧农业的作用

（一）显著提高农业生产经营效率

在智慧农业中，可以根据精准的农业传感器对动植物的生长状况、环境条件进行实时监测，利用云计算、数据挖掘等技术对监测到的数据进行多层次的分析，并将分析结果与各种控制设备联系起来，使农业生产的过程更为高效、便捷。另外，农业政策、农产品市场、农业科技、农业保险等方面的信息都是与农业生产经营息息相关的信息，是农民进行生产决策的重要依据，农民通过互联网技术获取此类信息，可有效地定位市场，把握市场价格变化，进而优化农业生产经营的结构，有效提高农业经营效率。

智慧农业不仅能够帮助各级农业管理人员及时获取各类农业生产信息和市场信息，以更好地指导自己的农业生产活动，还能帮助农业劳动者正确选择品种，科学地进行田间管理，达到提高产量、改进质量，降低生产成本，推进农产品流通，获取更好的经济效益的目的。

（二）转变农业生产者的观念

在智慧农业中，完善的农业科技和电子商务网络服务体系，使农业相关人员足不出户就能够远程学习农业科学知识，获取各种科技和农产品供求信息。农业生产者能够通过智慧农业中的专家系统和信息化终端指导农业生产经营过程，改变了传统农业中农业生产者单纯依靠经验进行农业生产经营的模式。

（三）有效改善农业生态环境

在智慧农业的农业生产过程中，人们力求合理利用农业资源，多利用、少排放，有效保护生态环境，追求农业发展与自然环境保护保持相对平衡的状态。智慧农业将农田、畜牧养殖场、水产养殖基地等生产单位和周边的生态环境视为一个有机的整体，通过对其物质交换和能量循环关系进行系统、精密运算，保障农业生产的生态环境在可承受范围内。如定量施肥不会造成土壤板结，经处理排放的畜禽粪便不会造成水和大气污染，反而能增加土壤肥力等。

四、智慧农业的主要内容

根据应用领域的不同，智慧农业大致可分为智慧科技、智慧生产、智慧组织、智慧管理、智慧服务 5 个方面的内容（图 6-2）。

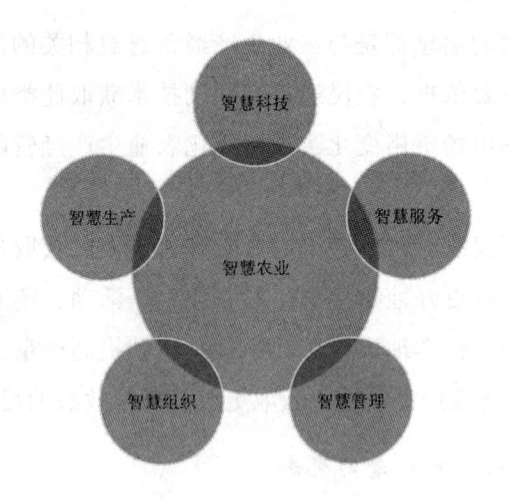

图 6-2 智慧农业的主要内容

（一）智慧科技

农业科技是解决农业经济发展问题的重中之重，农业只有依靠科技才能实现进步与发展，进而使农业劳动者的生活水平得以改善。农业科技在现代科学技术发展的基础上实现了农业现代化，开创了农业发展的新模式。互联网在农业领域中的应用，使得农业科学家之间的交流沟通更为方便、频繁，这有助于促进农业科技的进一步发展，使得农业科技更为智能化。

（二）智慧生产

农业生产是整个农业系统的核心，主要包括生物、环境、技术、社会经济4个生产要素。而智慧生产可以表现出各农业生产要素之间的内在关系，在此基础上建立的各种农业系统可使生产的产品更安全、更具竞争力，减少生产过程中的资源浪费，降低环境污染。智慧生产主要通过运用全面感知、可靠传输、先进处理和智能控制等物联网技术，实现对农业生产的全程控制，解决种植业和养殖业各方面的问题。智能生产能够实现基于互联网技术的大田种植向精确、集约、可持续生产的转变，能够实现基于互联网技术的畜禽水产研制向科学化管理、智能化控制的转变，最终达到合理利用农业资源、提高农业投入品利用率、改善生态环境、提高农产品产量和品质的目的。

（三）智慧组织

智慧组织是指优化各类生产要素，打造主导产品，实现布局区域化、管理企业化、生产专业化、服务社会化、经营一体化的组织模式。它是由市场引领、带动基地和农户联合完成生产、供销、贸易等一体化的经营活动。各种组织将散户的小型农业生产转变为适应市场的现代农业生产，利用电子商务提高农业经营的网络化水平，为从事涉农领域的生产经营主体提供在互联网上完成产品或服务的销售、购买和电子支付等业务，通过现代信息技术实现农产品流通扁平化、交易公平化、信息透明化、建立最快速度、最短距离、最少环境、最低费用的农产品流通网络。

现代农业市场的经营是综合性的，感知技术、互联互通技术等现代技术使得农业组织更为智慧，因此，各组织只有提高品牌价值、改变经营方式才能更好地适应现代农业市场。

（四）智慧管理

智慧管理是通过云计算、大数据等现代信息技术，推动种植业、畜牧业、农机农垦等各行业领域的生产调度，推进农产品质量安全信用体系建设，加强农业应急指挥，推进农业管理现代化，提高农业主管部门在生产决策、优化资源配置、指挥调度、上下协同、信息反馈等方面的水平和行政效能。现代农业的集约化生产和可持续发展要求管理人员实时了解农业相关资源的配置情况，掌握环境变化，加强对农业整体的监管，合理配置、开发、利用有限的农业资源，实现农业的可持续发展。

（五）智慧服务

互联网是智慧农业重要的应用技术之一，是为广大农户提供实时互动的"扁平化"信息服务的主要载体。互联网的加入使得传统的农业服务模式由公益服务为主向市场化、多元化服务转变。互联网时代的新农民不仅可以利用互联网获取先进的技术信息，还可以通过大数据掌握最新的农产品地理分布、价格走势，进而结合自己的资源情况自主决策农业生产重点。

五、智慧农业的创新应用

（一）应用方式

智慧农业的创新应用内容主要包括数据平台服务、无人机作业、农机自动驾驶、精细化养殖等（图6-3）。

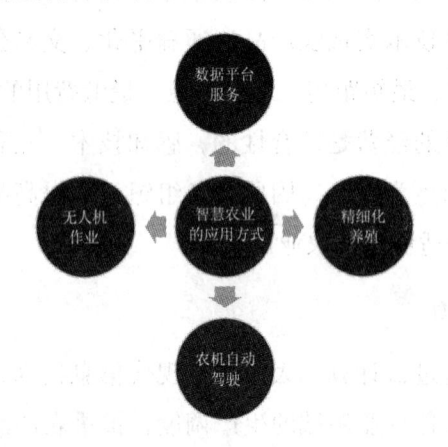

图6-3 智慧农业的应用方式

数据平台服务是指通过企业或企业之间的合作，不断获取大量、可靠的数据，并将非结构化的数据转化为结构化的数据，同时挖掘出其中的核心数据，建立不同的指标和具有针对性的数据模型，以细分领域为切入点，使农业逐步迈向多元化发展。

无人机作业，是指农业植保无人机依托5G网络扩大飞行范围，进行大面积农作物养护，如喷洒种子、农药等，还可以在养殖业中进行牲

第六章 科技创新驱动下的农业建设与发展策略

畜监控寻找等作业。

农机自动驾驶是以农机自动驾驶为起点，运用新技术来实现农业中的耕种、管理、收获等环节，不断提高测量耕地范围的精度，提供感知避让的解决方案，同时实现变量控制、流量控制以及测土配方等一系列问题，减少劳动力投入，最终实现农机的无人驾驶。

精细化养殖是指利用可穿戴设备及摄像头等收集家畜、家禽在饲养、繁育状态下的数据，并对收集到的数据进行分析，进而判断家畜、家禽的健康状况、生长阶段、喂养情况、位置信息等。精细化养殖可以有效降低畜禽死亡率，提升产品质量。

另外，农业大数据服务也是智慧农业的一种创新应用方式。农业大数据服务是指利用遥感、无人机、传感器等技术收集气候气象、土壤、农作物及病虫害数据，建立农业大数据服务平台，并给予对数据的处理和分析，为农业决策提供支持，进而实现农业的精细化管理。

（二）应用领域

智慧农业的应用领域包括农业规划、生产、流通、溯源、监管等（图6-4）。

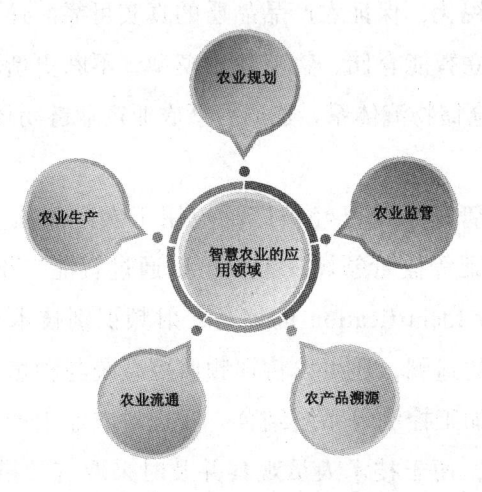

图6-4 智慧农业的应用领域

1. 规划

在农业领域应用农业大数据技术，可以帮助农业劳动者对农业产业进行分析与预测，明确政府、市场、产业的相关信息，掌握市场动态。农业劳动者不仅可以依据各项自然环境数据，选择生产项目并与当地环境相适应，以降低经营风险，还可以通过分析市场信息，动态调整供需关系以增加收益，同时，可以根据消费者信息及需求情况反馈，分析消费行为并在生产劳动之前做出科学的决策。

2. 生产

可以在农业生产现场安置部署各种传感器节点，如土壤水分传感器、环境温湿度传感器、光照度传感器、二氧化碳浓度传感器和无线传感器等，实时监测农业生产中的各项数据信息，实现农业生产环境的智能感知、智能预警、智能决策、专家在线指导，为农业生产提供精准化干预、可视化管理、智能化决策。

3. 流通

可以在农业仓储、物流等各个环节，利用物联网等技术，实现仓储环境条件智能调控以满足不同农产品对环境条件的不同要求，并通过仓储过程多维度可视化，保证农产品品质的真实可靠。还可以根据不同农产品的特性，建立智能仓储、物流数据模型，不断更新和完善信息化系统，建立标准化仓储物流体系，连通智慧农业产业链闭环。

4. 溯源

目前，追溯管理系统已经被广泛应用于农产品质量安全追溯、畜禽疫病电子出生证等监管领域。不仅可以通过智能二维码、RFID 技术（Radio Frequency Identification 的缩写，射频识别技术）等，实现对农产品生产全过程的追溯，还可以将视频监控系统与种植养殖监管、病虫预警预报防治、加工控制等系统结合，实现对农业生产、加工、流通环节的可视化跟踪，便于技术人员观察并及时采取有效措施，确保生产、加工、流通的顺利进行。同时，可以通过建立溯源信息服务平台，采集覆盖植物种子采购、播种（养殖）、施肥用药、收获、加工、运输、进入市场等各个环节的信息，以方便第三方监管，并通过强化对农产品生产过程的质量管理，配合有效的法律法规，共同保障生态环境安全、农资安全、农产品安全。

5. 监管

可以利用物联网技术对农业土壤进行监测，确定该地块适合种植的作物，发现土壤问题并及时进行土壤改良；对大气环境进行检测，及时检测出二氧化硫、二氧化氮等有毒气体含量，以便及时采取措施达到保证农作物健康生长的环境要求；对水环境进行检测，保证灌溉和畜禽用水的微生物和重金属离子含量不超标。农业生态环境是影响农产品质量安全的基础，通过物联网技术对农业环境进行监测，可以从源头控制动植物生产、加工、流通等环境条件安全，以保障农产品质量安全。

六、智慧农业的应用案例

（一）山东寿光：对传统农业的数字化改造

1. 概况

寿光市，位于山东省中北部，地理优势明显，适合多种农作物生长，被誉为"中国蔬菜之乡"。近些年，寿光市以建设智慧农业为目标，大力实施"互联网+"行动，积极推进物联网、大数据、空间信息、移动互联网等信息技术的融合与应用，为现代农业发展提供了强有力支撑，被认定为全国农业农村信息化示范基地。

2. 主要做法

山东寿光发展智慧农业的主要做法包括以下三点（图6-5）：

农业的科技革新：理论与实践研究

大力发展物联网、人工智能技术

大力推进农业智慧监管与服务　　　　　　　　农业电子商务激发智慧农业活力

山东寿光发展智慧农业的主要做法

图6-5　山东寿光发展智慧农业的主要做法

（1）大力发展物联网、人工智能技术。近些年，寿光市积极开发、推广物联网和人工智能技术，在温室环境调控、集约化育苗、生产过程管理等方面，实现数字化、智能化管控，有效减轻劳动强度、提高生产效率和蔬菜品质。第一，积极推进物联网技术基地建设。目前，寿光市百余处基地应用了物联网智能管控设备，如寿光蔬菜产业控股集团有限公司蔬菜园区建设了万余平方米的智慧蔬菜温室，安置了土壤水分、电导率、土壤温度一体化多参数感知设备，空气温湿度、太阳辐射、二氧化碳一体化多参数感知设备，温室环境控制装置，水肥智能控制，一体化无线网络传输等系列设备。通过系列物联网技术应用，基本实现了蔬菜园区标准化生产的集中管控和自动控制，大幅度提高了劳动生产率和蔬菜质量品质。再比如，在纪台镇玉皇庙村园区，推广应用了"复合基质栽培种植模式"，应用物联网技术，融合国际先进水平的水养合鳌合元素技术，系统控制大棚墙体负离子发生设备、地膜杀菌保温增氧设备、臭氧系统、水肥一体化设施等，通过信息化监控预警系统对蔬菜生长实行全天监管，大大改善了植物的生长环境，增强了植物的光合作用，减少了植物病害。该项技术的应用，有效促进了化肥农药的减量增效。可

第六章 科技创新驱动下的农业建设与发展策略

见,物联网、人工智能技术在农业中的应用,可以在很大程度上促进农业现代化发展。第二,加强物联网技术开发和设备改造。为推动先进的物联网技术和设备的落地应用,寿光市先后联合了多个物联网及信息技术公司,结合寿光蔬菜产业发展需求,在深入调研的基础上,研制开发了一系列技术先进、性能稳定、简便高效的物联网设备,如水肥一体化、磁化水设备、高感知传感器、高精准定位等设备和技术,有效提高了大棚物联网系统的稳定性和数据采集的准确度,降低了用户成本,进一步加快了物联网技术的普及与推广。

(2)大力推进农业智慧监管与服务。第一,建设寿光市农业智慧监管与服务平台。积极推进大数据、云服务在农业全产业链的应用,开发建设了寿光市农业智慧监管服务公共平台,利用互联网技术和现代信息技术对蔬菜大棚、农资经营店、农产品物流园的种植、交易、追溯、检测信息进行自动采集和数据化管理、分析、应用,实现了产前、产中、产后的全程监控,打造了高效透明的监管模式。第二,建设中国寿光蔬菜视频云校。为更好地推广蔬菜技术,推动乡村振兴,寿光市重点开发建设中国寿光视频云校,利用云播技术,通过课件点播、线上直播、远程诊断、实时互动等功能,让农业专家依托云技术,指导农业生产全过程,实现与农民常态化对接、面对面指导、零距离服务,把寿光先进的蔬菜生产技术推向全国。第三,建设全国蔬菜大数据中心。为扩大农业大数据覆盖范围,寿光市结合全国蔬菜质量标准中心建设,开发建设全国蔬菜大数据中心。当前,已开发完成了农业大数据集成版,在全国蔬菜产区推广应用,通过分布式系统采集数据,统一传输到寿光市全国蔬菜大数据平台,供平台分析应用。同时,将寿光市在全国各地建设的蔬菜园区、基地统一纳入大数据平台采集系统,形成覆盖全国的蔬菜大数据中心。第四,开发区块链农产品质量追溯平台。在覆盖全市的农产品质量二维码追溯基础上,应用物联网、云计算、溯源和区块链等技术,开发区块链追溯系统,使农产品生产、加工、运输、交易等一系列环境信息上链，实现全流程追溯，依托区块链技术的保障，农产品每条信息都是特有的，且附有各主体的数字签名和时间戳，保证上链信息不可篡改和真实可靠，供消费者查询和校验，让消费者更加清晰地了解农产品全流程信息。通过该平台可为农户、经销商提供原产地直销认证服务，为第三方检测提供精准化种植管理技术支持，为农产品质量监管和产业规划提供信息与数据支撑。

（3）农业电子商务激发智慧农业活力。第一，加强电子商务平台建设。一是建设寿光市生鲜溯源交易平台，立足农产品网上交易与质量追溯，利用信息技术，开展农产品产销对接、订单交易，全程接入质量监管与追溯系统，通过准入机制、溯源机制、检测机制、信用机制等，实现从农田到餐桌的全方位监管，确保通过平台交易的每一件农产品安全；二是优化网络蔬菜生鲜交易平台，全力打造寿光本地样板，实践探索模式的更多可能性；三是推进蔬菜种子线上交易中心，引导建立种子种苗网络交易平台，实现从订苗到配发全流程网上服务，积极推进现代农业高新技术集成示范区的建设。第二，大力发展智慧型批发市场。积极发展农产品物流园、果菜批发市场两大智慧批发市场，应用电子结算系统、智能交易系统、农产品追溯系统等，推进了农产品产地、交易价格、数量、流向实时可见，质量可控。第三，推进农产品电商交易。依托寿光市蔬菜产业和发达的物流优势，培育了一批经营蔬菜、种子种苗和阳台蔬菜等为主的新型农业电商企业。第四，加快农村电商服务。寿光市率先与阿里巴巴合作"农村淘宝"项目，并已配套建设了百余个村级站点。

3. 启示

智慧农业的重要标志是能够用数据说话、用数据分析、用数据决策、用数据创新、用数据创造价值。寿光市积极发展智慧农业，加速对传统农业各领域、各环节的全方位、全角度、全链条的数字化改造，提高农业全要素生产率，真正实现产前、产中、产后的深度融合，推动农业从"规模化、标准化、单一化"向"精细化、定制化、价值化、智能化"方

第六章 科技创新驱动下的农业建设与发展策略

向升级,具体包括以下几点(图6-6):

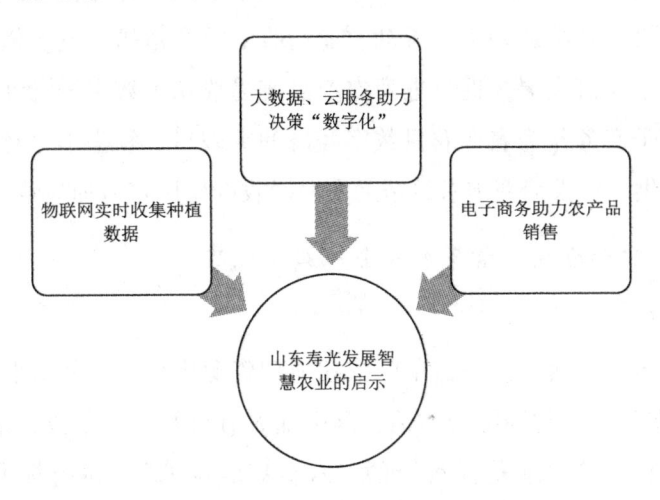

图6-6 山东寿光发展智慧农业的启示

首先,物联网实时收集种植数据。在互联网时代,推动数字经济和农业农村经济融合发展是大势所趋。物联网在寿光市农业领域应用范围十分广泛,基于物联网的农业解决方案,通过实时收集并分析现场数据及部署指挥机制的方式,达到提升运营效率、扩大收益、降低损耗的目的。可变速率、精准农业、智能灌溉、智能温室等多种基于物联网的应用,推动农业流程改进,可见,物联网科技可用于解决农业领域的特有问题,打造基于物联网的智慧农场,实现农作物质量与产量的双丰收。

其次,大数据、云服务助力决策"数字化"。寿光市万物互联在推动海量设备接入的同时,也在云端生成海量数据,并利用人工智能挖掘这些由物联网产生的大数据中的隐藏信息,支持农业决策"数字化",以大数据、云服务为驱动全面提升生产效率。

最后,电子商务助力农产品销售。寿光市将大力发展农村电子商务作为实现动力转换、经济转型的重要抓手,加强农业电子商务平台建设,大力发展智慧型批发市场,推进农产品电商交易,加快农村电商服务,推进电子商务进农村综合示范,农村电子商务已成功实施打造"双创"新引擎、培育经济新动力、带动农业增收的重要举措。电商依托网络平台进行数字经济发展,促进电商农产品交易成功,数字经济红利得以实现。把电子商务作为农业农村数字经济的突破口、领头羊,对促进农产品稳产保供、扩大消费需求,帮助农民增收的作用将愈加显著。

(二)江西资溪:智慧农业全产业集成商

1. 概况

近些年,江西资溪一亩茶园依托地理资源优势,在种植上严格按照"立体生态栽培、物理综合防治、测土配方有机肥、留草覆盖泉水灌溉、自动化清洁生产和新优品种"的"六新集成技术",进行标准化种植,同时,采用"不打农药、不施化肥、不使用除草剂、不使用转基因技术、不使用植物生长调节剂"的"五不管理标准",进行标准化管理,开发高标准有机茶园。作为江西农业产业化龙头企业,该茶园在全国范围内建有多家有机生活体验馆,以"会员领养"的营销模式进行管理,同时在店内设有茶山基地24小时溯源视频,让消费者直观了解有机茶的生产加工全过程,这也是科技创新在智慧农业中的具体应用。

2. 主要做法

在"互联网+"时代背景下,江西资溪一亩茶园积极践行"智慧农业全产业集成商"的发展理念,加大科技创新力度与农产品品牌建设,与国内先进科研单位和院校合作,研发了"智慧农业24小时可视溯源系统"。这套智慧农业追溯系统通过传感器数据对种植环境进行大数据收集、分析,实现病虫害预警,通过农技知识库指导种植管理和生产、加工过程的标签管理实现溯源监督,弥补了传统农业对自然环境依赖性强的不足。这一技术手段能够打通农业生产、检验、监管和消费各个环节,为消费者提供信任依据,从源头上保障农业生产的有序安全,确保产品从田间到餐桌有据可查。

该茶园完成了电商立体布局，包括线上网站和自有商城垂直体系建立，力求在销售有机茶叶的同时，为消费者搭建完善的农产品增值服务体系。该套系统贯穿于农业生产经营的全过程，能够对全国门店的现有会员进行统一管理，建立强大的信息储存库，通过会员资料和消费习惯，定制针对性的精准营销活动，有效的积分策略有利于增强会员黏性，同时通过管理系统的便捷支付功能，让会员的消费更加安全可控，这也是该茶园针对"互联网＋传统茶叶销售"的一次创新尝试。

另外，该茶园在拓展会员和服务会员的同时，创建了包括"农创空间""农业反向O2O""社区体验"3大板块的一站式"智慧社区"。农创空间，包括网络平台和实体农业众创咖啡，为农业创意、规划设计、智慧农业工程、检验检疫、市场营销等提供低成本、便利化、信息全的一站式服务交流平台，同时搭建农业创意发布和供需对接的空间，将线上与线下、孵化与投资相结合，助力万众创新，大众营农。"农业反向O2O"的核心是以体验带动消费。智慧社区"反向O2O模式"采用农产品预订制，会员可以获得新鲜、性价比高的原产地农产品，同时产地能够按需供应配送，大大降低农产品的库存风险、生产成本和损耗。"社区体验"是通过与物业管理公司合作建立综合物业管理、生鲜便利购物、第三方服务等功能，实现物业管理从"单一管理"向"综合型、服务型"服务模式的转型，提升物业和社区价值，增进物业和业主沟通，构建和谐邻里智慧型社区。

3. 启示

"有机茶山开发＋会员体系建立＋智慧农业溯源系统研发及基地合作＋智慧茶馆产品开发＋智慧社区"模式的探索，诠释了一亩茶园"智慧农业全产业集成商"的本质，即"互联网＋"思维模式下的现代标准化、集约化、高效化和资源共享性。江西资溪一亩茶园智慧农业全产业集成商的形成与发展，离不开政府的大力支持，也离不开科技创新与品牌服务体系的建设。因此，为了促进智慧农业的发展，要坚持当地农产品品牌建设需要与农业科技创新实际结合，加强政府在农业科技创新中的组织与引导作用，建立健全以科技型农业龙头企业为主体，特色农业生产和市场为导向，产学研联合为基础的农业科技创新体系，加大科技成果转化力度，切实发挥科技创新对农业经济发展的推动作用，不断提升农产品的核心价值。江西资溪一亩茶园通过"体验、服务、消费"等环节为消费者提供优质、优产的安全生鲜产品，与客户建立了良好的互动关系，有助于实现可持续经营，"农创空间""农业反向O2O""社区体验"等一系列措施不仅有助于农产品品牌建设，还实现互联网线上推广，值得学习。透明的供应链体系，不仅可以给消费者明明白白的消费保障，还可以提高农产品品牌的美誉度。目前，在农业生产经营当中，阻碍可追溯体系建设的主要是相对分散的农产品生产模式，因此，农产品质量体系建设不仅需要质检机构和认证机构的共同努力，还需要行业通过合作经营、土地流转、生产集约等方式，逐步走上规模化农业的道路。要高度重视农产品质量安全追溯能力建设，加快建立产销区一体化的农产品质量安全追溯信息网络，实现生产记录可存储、产品流向可追踪、储运信息可查询。各类新型农业经营主体，应积极适应市场化、信息化、消费升级的要求，率先实行标准化生产，提供完整的质量安全认证，建立全面的质量可追溯体系，并牢固树立法纪和诚信意识，为自己的生产经营行为负责，确保产品质量安全。

此外，在农产品的售后环节，要增强产销互动性。消费者对产品的认知过程，实际上也是品牌的传播过程。要想实现农业经济的发展，就要重视农产品的品牌建设，积极推动生产环节与消费环节的互动，让消费者更多更好地了解产品，进行体验并做出积极评价。现阶段，建立实体体验店，通过销售优质农产品，打响农产品品牌，仍是一种行之有效的方法。但这一过程还要与互联网线上的推广深入融合，通过网络实现与消费者的互动，增强农产品的市场竞争力。

第六章 科技创新驱动下的农业建设与发展策略

七、智慧农业中的农业技术创新建议

（一）加快智慧农业技术创新和转化

提高农业技术创新是实现农业技术创新，促进农业经济发展的关键。一方面，要充分利用当地农业院校和科研院所优势，统筹布置科研方向，解决跨学科、跨部门科研管理机制问题，围绕智慧农业发展的跨学科、跨行业领域合作的科研机制，以确保技术创新工作的顺利开展，为农业技术创新打下良好的基础。另一方面，还需要加快农业科技创新基地的建设，注重区域性农业研发中心的创建，在进一步深化农业科研体制改革的过程中，提高农业科技创新的转化能力，为促进农业经济的发展创造有利的条件。

（二）加强智慧农业科技服务队伍建设

为促进智慧农业的进一步发展，需要培育大量的智慧农业所需的硬软件开发人才和农业管理人才，提高农业对人才的吸纳能力。加强智慧农业科技服务队伍建设，关键是要继续建立全面的职业农民培育制度，让爱农业、懂技术、善经营的新型职业农民成为智慧农业的主力军，鼓励主要农业组织加强职业农民培训。各农业组织应加强与当地农业龙头企业合作，共同发展智慧农业，从经营、生产、组织等多个方面培育智慧农业所需的人才，并建立长效的培育机制，让他们定期进行智慧农业科学技术方面的学习与交流。此外，还应建立完善的用人体系，在培育职业农民的同时，加强与涉农院校的合作，积极引进与智慧农业发展相关的高素质人才，并完善相关配套政策体系，以确保引进人才、留住人才。

（三）完善农业智慧化标准和评价体系

农业智慧化标准是农业智慧化建设有序发展的根本保障，也是整合

智慧农业资源的基础,加快研究和制定农业智慧化建设相关的标准体系,建立健全相关的工作制度,推动智慧农业建设的规范化和制度化。以相关的电子政务标准体系为依据,建设标准化的智慧农业,将本地信息资源体系的生产、消费、交换、共享、管理等环境的业务有机地连接起来,为各业务应用系统间的数据共享和信息服务提供技术依据,如表6-1所示。

表6-1 电子政务标准体系示例

类型	项目
农业数据规范	数据分类与编码规范
	数据采集与更新规范
	数据存储与数据库设计规范
	数据质量控制规范
	平台信息采集标准
开发技术规范	概要设计说明书规范
	需求规格说明书规范
	溯源编码数据的标准
	技术文档编制规范
	系统测试大纲规范
	详细设计说明书规范
	安装部署手册规范
	Java软件编码技术规范
	界面设计规范
	平台数据交换与共享的标准
	用户使用手册规范

续 表

类型	项目
其他标准规范	电子文件全程管理调用接口规范
	电子文件全程管理基础数据标准
	音频档案管理规范
	多媒体档案管理规范
	关系型数据库与 XML 转换标准
	非关系型数据格式标准
	电子文件全程管理基础数据标准
	电子文件全程管理系统测评规范
	电子文件全程管理业务需求指南
	生产档案管理标准
	自主可控环境下电子文件管理系统测试方法
	信息查询服务标准

农业智慧化测评工作是国家及地方开发智慧农业工作的"标尺"，是检验和推进农业智慧化工作进展的重要手段。加快推进农业智慧化测评工作，建立和完善测评标准、办法和工作体系，促进农业智慧化健康、有序地发展。

第二节 农业科技园区建设

农业科技园区通常是指在特定的区域内，以政府为主导，以市场为导向，推动农科教、产学研紧密结合，农业生产要素优化配置，以促进农业科技成果的转化和产业化，不断提高农业生产力，逐步实现农业现代化的一种发展模式。农业科技园区以技术密集为主要特点，以科技开发、示范、辐射和推广为主要方向，以促进区域农业结构调整和产业升级为主要目标，是科技促进农业经济发展的最佳体现。农业科技园区能够融合聚集科教、资本等资源，孵化、培育农业高新技术企业，是农业科技创新、技术应用和产业发展的样板，对于推动农业供给侧结构性改革、发展农业经济有着较好的示范作用。农业科技园区是推动农村经济发展、引领农民增收致富，推动乡村振兴战略实施的有力推手。农业科技园区依靠先进的管理模式，实行市场化运作，有助于提升农产品品质，促进农业生产方式和农民生产观念的转变，能够显示出良好的综合效益。

一、农业科技园区的基本概况

（一）主要特征

农业科技园区的主要特征包括科技创新、科技示范、综合效益等（图6-7）。

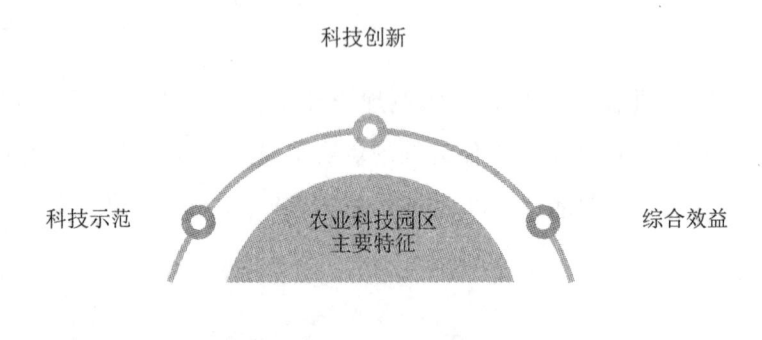

图 6-7 农业科技园区的主要特征

1.科技创新

农业科技园区是区域农业科技创新的中心，它最为显著的特征便是科技创新。农业科技园区通常具有一个农业科技的创新园，能够集聚丰富、先进、适用的农业科研创新成果。这是农业科技园区的基础性特征。

没有科技创新的园区，不可能成为农业科技园区。科学技术是第一生产力，在科学技术快速发展的今天，农业科技园区要想获得长久发展，充分发挥自身示范带动作用，就必须切实依靠农业科学技术指导农业生产实践活动，推动整个区域农业经济的发展。此外，农业科技园区不仅本身具备一定的科研能力，它还常常会与科研院校形成一种合作的关系，是区域农业科技成果的集中产地，容易形成"科研院所（高校）+基地+农民"的农业科技成果高效转化的模式，有助于实现教学、科研和成果转化的紧密结合。

2. 科技示范

农业科技园区拥有与农业科研创新紧密相关的、在地理位置上与农业科技创新场所紧密相关的试验及孵化平台，可以提供相对宽松的发展空间，使园区农业科研创新成果可以在一定区域内优先试验展示。此外，农业科技园区还拥有一批较为分散的、在地理位置上远离园区，但可以深入示范带动农村地区的展示示范基地。农业科技示范园区的创新成果在孵化成熟之后，需要在一定的展示示范基地进行展示示范，最后扩散到示范基地周边的广大农村地区。

科研开发或引进技术之后，在园区内进行试验和示范，培育农业高新技术企业，是农业科技园区的基本特点。农业科技园区不仅能够为科研开发或者引进的农业高新技术提供试验、示范的场所，还能通过资金、信息、政策等资源，培育农业高新技术企业和农业高新技术产业示范区，用农业高新技术改造传统农业，提高科技对农业的贡献率。

3. 综合效益

农业科技园区建设的主要目的就是促进农业科学技术与农业生产的有效结合，扬科技先进之长，避资源稀缺之短，将依靠资源的农业逐步转化为依靠科技的农业，促使其潜在的生产要素快速转化为现实的农业生产力。

农业科技园区的发展，能够给农业生产经营活动带来良好的综合效益，其中包括经济效益、社会效益和生态效益。经济效益是指物质生产过程中的劳动耗费和资源占用与所获得的符合社会需要的有用成果之间的数量对比关系。在一定情况下，投入的劳动耗费和资源越少，说明获得的经济效益越高。在农业领域中，将创新性的科学技术应用到农业生产当中，可以在投入更少的劳动耗费的基础上，取得更多的经营成果，或者以同等的劳动耗费取得更多的经营成果。也就是说，科技创新能够为农业生产带来更好的经济效益。而农业科技园区作为科技创新的主要基地和载体，其发展水平的高低决定着科技创新的速度和质量，进而影响着农业生产的经济效益。

从社会效益角度分析，社会效益是指人们的社会实践活动对社会发展所起的积极作用及所产生的有益效果。在农业领域，农业科技园区的社会效益主要体现在农业科技的示范作用上，农业科技园区是农业生产力和科学技术发展到一定阶段的产物，是新品种、新技术的示范基地，具有带动周边地区农业科技水平提高和农村经济发展的重要作用，能够促进先进农业科技成果的展示和推广应用。因此，农业科技园区的建设与发展，有助于实现良好的社会效益。另外，农业科技园区中的农产品加工业、休闲观光业的发展，还能够促进第一、二、三产业的融合，促进农业产业化、农村城镇化联动，有力推动城乡一体化发展，因此，从这一层面看，农业科技园区的建设与发展，有助于产生良好的社会效益。

生态效益是指人们在生产中依据生态平衡规律，使自然界的生物系统对人类的生产、生活条件和环境条件产生有益影响和有利效果，它关系到人类生存发展的根本利益和长远利益。现代农业园区通常是一个地区内农业生态化生产的示范点，保持着农业的自然属性。因此，农业生态园区的建设要在保护生态环境的基础上，适度进行生物资源开发利用，形成生态型产业，促进农业的可持续发展。

第六章 科技创新驱动下的农业建设与发展策略

（二）基本功能

农业科技园区的基本功能包括科研试验功能、生产加工功能、集聚整合功能、展示示范功能、休闲观光功能等（图6-8）。

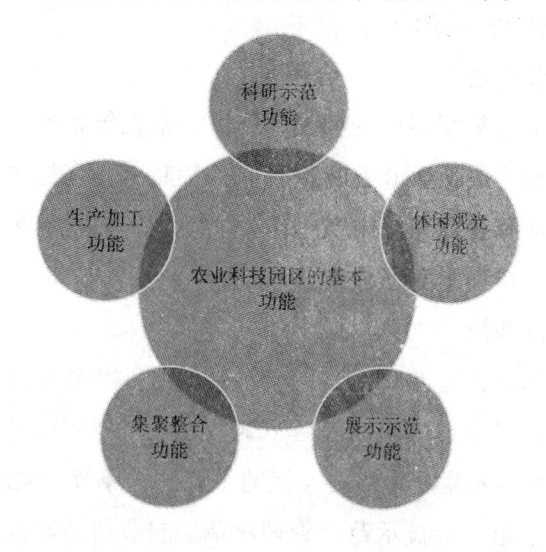

图6-8 农业科技园区的基本功能

1. 科研试验功能

科研试验功能，是农业科技园区的基本功能之一。园区科研中心通过对农业基础的试验和研究，逐步发展新型农业技术，通过对试验结果的检验，从而研制出农业高新技术产品。为充分发挥农业科技园区的科研试验功能，应加强农业科技园区与高校、科研机构等单位的合作，积极探索农业项目由一线农业科技人员领办发展的新模式，引导企业加大对基地建设力度和对农户实施标准化种养的带动动作，多渠道提升现有农业生产的发展水平。

2. 生产加工功能

农业科技园区是农业科学技术研究和生产经营的"企业"，本质上属于一种经济实体。因此，农业科技园区具有生产加工功能。农业科技园区生产加工的产品,并不是一般意义上的农产品,而是选用最新的研发品种,通过先进的生产技术和加工技术生产出来的优质精品。这类科技含量较高的农业商品进入市场之后,会具有明显的竞争优势,能够更好地适应市场消费结构的变化。

3. 集聚整合功能

新技术产业发展所需要的人力、物力、信息等各类资源往往分散在不同的社会组织当中,而农业科技园区一般具有良好的区位优势、雄厚的经济基础,能够使农业高新技术产业所需的资源得到集聚、优化和组织,从而为形成农业高新技术产业奠定重要的资源基础。

4. 展示示范功能

农业科技园区的主要功能是展示最新的农业科技成果、最先进的农业管理手段和最具活力的农业经营方式。农业科技园区具有一定的开放性,能够为农户展示生产中需要掌握的主要技术环节、关键性技术措施,为农民做生产示范、科技示范、管理示范。农业科技园区通过农业科技成果的示范培训,能够使广大农户直接感受到农业先进技术带来的有益变化。

把国内外先进适用的生物工程技术、设施栽培技术、节水灌溉技术、集约化种养技术、农副产品深加工技术以及计算机管理与信息技术等引进示范园进行展示和示范,并通过展示、示范、参观学习、技术培训等手段培养农业科技人才,有助于强化农业科技队伍的建设,进而带动周边农业经济的发展。

5. 休闲观光功能

农业科技园区虽然以高效生产和科研示范为主要功能,但它可以对外开放,接受游人的观赏。农业科技园区中的设施栽培、生态养殖、立体种养、有机农业等现代农业生产模式与旅游观光功能实现了有机融合,可以说,休闲农业拓展了农业科技园区的主要功能。园区在促进和带动农业生态旅游业发展的同时,也将带动与此有关的餐饮等服务业的发展，并将在园区周围形成一个功能齐全、以旅游业为中心的产业体系。

（三）主要类型

根据不同的划分标准，农业科技园区可分为多种不同的类型，如表6-2所示。

表6-2　农业科技园区的类型划分

划分标准	具体类型
国家和地方项目	国家级农业高新技术开发区 工厂化高效农业示范区 持续高效农业示范区 现代农业示范区
经营内容	设施园艺型 农业综合开发型 生态农业型 节水农业型 外向创汇型
经营方式	政府兴办型 院地联营型 民间兴办型 民办资助型
生态类型	城郊型农业科技园 平川粮棉生产型科技园 丘岗山地农业型科技园区 治理生态和保护环境的科技园区

因篇幅有限，这里主要介绍按国家和地方项目划分和按经营内容划分这两种划分方式的主要内容。

1. 按国家和地方项目划分

根据国家和地方项目来划分，农业科技园区分为国家级农业高新技术开发区、工厂化高效农业示范区、持续高效农业示范区以及现代农业示范区等。

（1）国家级农业高新技术开发区。国家级农业高新技术开发区是在农业科研和教学单位密集的地区，由国家和地方政府共同投资创办兴建的示范区。比如杨凌国家级农业高新技术产业示范区、黄河三角洲农业高新技术产业示范区，都属于国家级农业高新技术示范园区，其中杨凌国家级农业高新技术产业示范区，以多家科研单位和大专院校及所属的试验基地为依托，开展了小麦育种、旱作农业、节水灌溉、作物栽培、水土保持等多个学科领域的研究与转化，已初步形成了以农牧良种、生物医药、食品加工、环保农资等为代表的主导产业，并建设了比较完善的现代农业产业体系，探索出了一条依靠科技创新实现自我供给的农业产业发展新模式。而黄河三角洲农业高新技术产业示范区，是继杨凌国家级农业高新技术产业示范区之后，由国家批复建设的第二个国家级农业高新技术示范园区。黄河三角洲农业高新技术产业示范区主要在盐碱地综合利用、国际科技交流与合作、体制机制与政策创新等方面进行创新实践，积极建立可推广的创新驱动城乡一体化发展新模式。

（2）持续高效农业示范区。持续高效农业示范区是在原有农业行政或经济区域内，通过政府引导、各部门参与，根据区域经济发展总体规划，依靠科技进步的优势，组织实施技术研究与课题研究，综合开发自然资源和社会资源，实现区域科技、经济、社会协调、可持续发展的示范区。如北京顺义、山东龙口、江苏常熟等7个持续高效农业示范区。

（3）工厂化高效农业示范区。工厂化高效农业示范区由国家科委正式立项启动，首批选在北京、上海、沈阳、杭州和广州5个城市实施。它们以现代设施农业为主体，集成国内外高新技术的组装配套，进行工业化生产。如浙江传化江南大地园区、上海马桥园艺场科技示范园区。

第六章 科技创新驱动下的农业建设与发展策略

（4）现代农业示范区。现代农业示范区是以现代产业发展理念为指导、以新型农民为主体、以现代科学技术和物质装备为支撑，采用现代经营管理方式的可持续发展的现代农业示范区域。如广东省徐闻县国家现代农业示范区、河南省永城市国家现代农业示范区等。

2. 按经营内容划分

按经营内容划分，农业科技园区可分为设施园艺型、农业综合开发型、生态农业型、节水农业型、外向创汇型。

（1）设施园艺型。该园区是以现代化农业设施为基础，采用现代工程技术手段和工业化生产方式为植物生产提供适宜环境，使其在适宜的生存空间内得到较高的产量、优良的品质和较好的经济效益的一种园区。如上海孙桥现代农业科技园区便是典型的设施园艺型农业科技园区，该园区摆脱了传统农业劳作方式，采用现代化高科技技术经营农业生产多种优质产品，整个园区具有园林化的整体设计风格，可供游人观赏休闲。

（2）农业综合开发型。该类园区在农业综合开发土地治理项目区域的基础上，引进一批高新品种和先进的集约化种养殖技术，以带动种植养殖的产业升级，发展一批以农副产品加工为主的龙头企业，建立形成连片的农副产品加工基地。

（3）生态农业型。该园区以资源可持续利用和农业生态良性循环为主要示范内容，采用系统工程的手段，通过物质循环、能量多层次综合利用和系统化深加工，实现废弃物的资源化利用。

（4）节水农业型。该园区以改善地面灌溉条件、提高水资源利用率为目标，采用喷灌、滴灌等高新节水技术，将节水灌溉技术与农业节水措施相结合，形成综合的农业节水技术体系。

（5）外向创汇型。该类园区采用先进的技术设备，面向国际市场需求，根据订单、合同生产特有珍奇的花卉、瓜果、蔬菜、畜产品、水产品，以销往海外。

农业综合开发型、生态农业型、节水农业型以及外向创汇型分别适合应用在不同的自然环境地区中，其中农业综合开发型适合应用于山区、生态农业型适合应用于生态脆弱区、节水农业型适合应用于缺水地区、外向创汇型适合应用于沿海沿边地区。

值得注意的是，上述的类型划分只是从不同角度对农业科技园区加以界定。在实际当中，农业科技园区往往并不是单一的某种类型，而是多种类型的融合体。

二、农业科技园区对促进农业经济发展的作用

（一）为区域农业发展培植新的增长点

农业科技园区依靠科技、人才、管理来实现工业与农业、科技服务业的连接，实现农业产业结构从单一的种植业为主到种植业、畜牧业、农产品加工业的多元结构并存，促使农业由"资源依存型"向"科技依存型"转变，成为区域农业发展新的增长点。

农业科技园区肩负着以农业科技要素集聚引领示范带动区域农业产业高质量发展的使命。多年来，我国共创建国家农业科技园区300余家，这些园区是以科技要素创新集聚驱动农业产业发展的重要平台和中坚力量，在促进农业创新链与产业链双向融合、提高区域农业产业竞争力、提升农产品附加值、促进农民就业创收增收、推动城乡融合发展等多个方面成效显著。比如，四川乐山国家农业科技园区通过园区建设推动了林竹业、畜牧业、茶业、特色经济作物和中药材等主导产业快速发展，产业化经营初现规模，形成了优势农产品的专业化生产和区域化布局，园区建设大大推动了当地经济的增长。

（二）连接高新技术与农业发展的新载体

农业科技园区是连接现代高新技术与农业发展的新载体，发展农业科技园区，有助于加快高新技术转化为生产力的步伐。农业科技园区通过引进或研发农业高新技术、结合传统技术，调整农产品结构和提高农

业综合开发的经济效益，创造农业科技进步和技术推广的新方式。高新技术在农业生产中的开发应用，不仅可以推动农业生产向更宽广的领域发展，还能够延伸农业生产的上下链，促进农业生产发生质的变化。比如，江苏常熟国家农业科技园区，积极引进并应用高效栽培技术模式，广泛开展新品种、新技术、新设施、新模式等现代设施园艺创新技术，根据市场需求及时引进、培育以天狼月季、淡水龙虾等种质资源为核心的农产品，并取得了良好的经济效益、社会效益和生态效益。

为发挥好农业科技园区的载体作用，要立足区域科技创新能力和资源禀赋，重点发展产业化、个性化农业高新技术产业，鼓励科技园区差异化发展，按照"一区一主导产业"的定位，依托产业基础、资源禀赋、科技优势等，开展高新技术研发和推广应用，实现规模化生产、区域化布局、品牌化经营、高值化发展，着力提升产业技术创新水平和发展能力，形成带动性强、特色鲜明、具有竞争优势的农业高新技术产业集群。

（三）农业科技示范创新的重要平台

农业科技园区集农业新技术、新成果、新品种的试验、示范、展示与科技服务于一体，是农业科技成果转化的加速器，也是为农民提供科技示范的综合平台。农业科技园区通过示范项目来展示农业科技成果，以先进适用的科学技术，特别是农业高新技术成果转化为主线，以市场为导向，将科技、生产、市场紧密联系起来，使农业设施、品种、技术相融合，将农产品的生产、加工、销售环节贯穿起来，实现技术、人才、资金等生产要素的优化配置，推动当地农业产业化进程，促进先进农业科技成果的展示和推广应用。比如，山东寿光国家农业科技园区作为蔬菜科技成果转化的集散地，围绕特色农业产业，以提高综合效益为目标，以基础创新为动力，实施集约化生产、市场化经营、企业化管理，强化农业科技示范创新作用，带动区域农业结构调整和产业优化升级，现已成为转变农业发展方式、发展现代农业的重要引擎。该园区的科技创新成果不仅辐射本地、本省，还辐射全国其他省份，为我国蔬菜产业发展起到了良好的引领作用。

（四）农业科技成果转化和推广的基地

农业科技园区，在一定程度上展示了现代农业的经营方式，能够有力地促进农业科技成果的转化和推广应用，提高农业科技整体水平。比如湖南永州国家农业科技园致力于加强科技推广体系建设，建立了以公益性推广机构为主导、社会各方面力量广泛参与的多元化推广体系。该园区大力加强与科研院所、高等院校的科技合作，积极引进、试验推广动植物优质品种，通过加速科技成果转化，带动了食品、中药材等特色产业的发展，形成了粮食、牲畜、瓜果、油茶和农业观光五大主导产业。该园区依托自身优势，大力推动科技成果推广应用，在种子种苗工程建设、标准化和无公害农业生产技术推广、中药材种植方面增加了单位面积产出，提高了产品科技含量，使技术、设施、劳动力等生产要素得到了有效集聚和高效利用，取得了十分显著的经济效益、社会效益和生态效益。

将农业科技园区作为科技成果转化和推广的主战场，把产业链各环节所需求的各项科技集中在农业科技园区和新农村示范区进行集成示范与转化推广，着力加强科技创新链与农业产业链的快速高效链接，显著提高科技对农业产业化和城乡统筹发展的支撑作用。

三、推动农业科技园区建设与发展的建议

推动农业科技园区建设与发展的建议主要有以下几点（图6-9）：

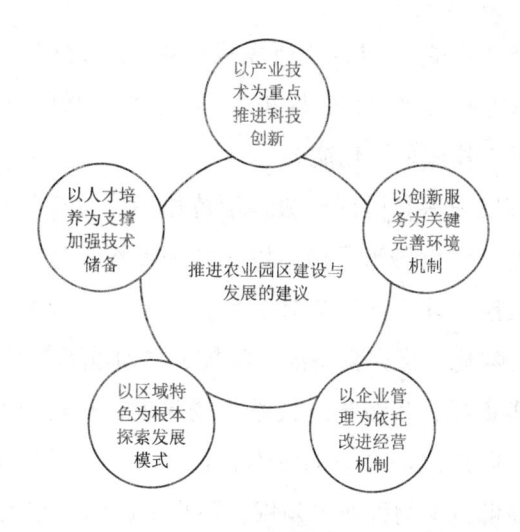

第六章 科技创新驱动下的农业建设与发展策略

图6-9 推动农业科技园区建设与发展的建议

（一）以产业技术为重点推进科技创新

1.加强园区公共创新服务平台建设

为推动农业科技园区的建设与发展，应积极争取各类研发机构、高等院校、专家工作站、信息服务平台等落户园区，鼓励企业联合科研机构、高校在园区内建立研发、检测中心，建立公共创新基地、开发平台共享机制，实现创新资源的有效利用。公共创新服务平台建设是培育发展战略性高新技术产业的重要形式，它不仅可以降低企业、研究机构各自建设研发平台的费用，提高各机构创新和研发先进农业技术的积极性，还可以聚集众多机构在平台上合作交流，提高农业科技成果的转化效率。可以说，公共创新服务平台建设是适应新技术、新兴产业发展的内在要求。因此，要突破行业、企业之间的限制，引导科研机构、高等院校、龙头企业、农户积极参与到农业科技园区的建设与发展当中，创新市场运作机制，发挥园区的示范带动作用。此外，还要积极推进园区信息基础设施建设，加快构建公共信息服务中心、云计算中心和各类科技创新服务平台，为产业园区企业提供科技融资、技术咨询、成果转化、评估教育等专业服务，打造形成科技研发成果转化全过程公共服务产业链，推动技术、市场等要素相融合，构建多元化、多层次的科技创新体系。

2. 加强园区科技成果转化能力

为充分发挥农业科技园区的科技示范作用，应充分发挥园区的成果转化和孵化职能，以市场为导向，以科技为支撑，建立起适合园区科技成果转化的新机制。建立园区科技成果转化基地，鼓励各类科技成果入园并进行中试、孵化，优先支持高等院校、科研院所科技成果就地转化，依托高教与科研资源，积极推进技术市场建设，构建企业之间、企业与高等院校和科研院所之间高效的技术转移通道。着重围绕粮食安全、生态安全、现代装备、生物种业等领域，逐步形成园区与大学、科研机构、企业一体化的成果快速转化体系，加快转化速度，提高转化效率。

（二）以人才培养为支撑加强技术储备

农业科技园区的发展离不开人才支撑，发挥好人才优势，对整个园区的发展具有十分重要的意义。农业科技园区重点发展农业高新技术的前提就是具有一批素质过硬、专业精湛的人才，包括技术型人才、管理人才、营销人才等。应吸引聚集科研机构、领军人才和技术创新团队入驻园区，提高从业人才的整体素质和专业水平，加强各高等院校对农业科研人才的培育，强化职业培训，加大对高端专业人才，特别是管理型人才的培养与引进，完善大学生从事现代农业的激励机制，为科技引领农业经济发展提供有力支持。

（三）以区域特色为根本探索发展模式

农业科技园区的发展，要以推动现代农业经济发展、繁荣农村经济、带动农民增收为目标，结合区域特色，在坚持农业可持续发展、科技引领等原则的基础上，探索园区因地制宜的发展模式。农业科技园区在发展模式上要强调突出地方特色，根据各地的资源禀赋、基础条件、区域特色等特点，走区域化发展之路。具体可以从以下几个方面入手：第一，制定合理的战略规划。因地制宜地制定合理战略规划，是促进农业科技园区建设与发展的关键。充分发挥区域自身优势，充分结合当前的市场发展状况，制定出详细的发展规划，做好前期审批、中期规划、后期评价各项工作，以此来为促进农业科技园区的发展指明方向。第二，结合区域农业资源条件、地域特点，确定园区主导产业和特色产业链，发展本地优势项目，形成地方特色。第三，明确当地农业生产结构和区域发展格局，合理定位园区功能，形成本地特色。比如城市近郊和旅游发达地区的部分园区可以考虑把成果孵化、企业孵化作为重要功能，并重视休闲观光功能；其他地区在园区功能定位上可以把精品生产、龙头示范等功能放在优先的位置，以种子、种苗生产和农产品加工营销作为园区建设重点，带动周边农户的发展。

（四）以企业管理为依托改进经营机制

为促进农业科技园区的发展，要特别注重园区的管理与经营机制，采取政府指导、市场化运行和企业化管理模式，推进园区经营体制改革，形成符合现代制度要求的高效、灵活的运行机制。作为一种特殊的农业科技经济组织，农业科技园区的管理结构比一般的经济组织要更为复杂，这是由农业科技园区的基本性质决定的，即兼有公共性和私益性的双重性质。

农业科技园区的经营主体一般由园区管委会、企业、中介组织和农户组成，各主体之间只有密切配合、有效联结，才能共同推动农业科技园区的发展。首先，政府的主要职责是积极为园区营造一个良好的发展环境，引导和支持园区健康稳定发展。园区管委会作为政府的派出机构，要对园区宏观目标做出整体规划，为企业提供高效快捷的服务，与企业之间形成"产业引导、政策扶持、依法管理、协调服务"的新型政企关系，实现人才、资金、项目在园区内的聚集效应，为农业科技园的建设与发展奠定基础。其次，园区的发展还离不开龙头企业这一主体。鼓励园区内龙头企业参与到农业产业结构调整优化工作当中,加强科技研发,形成企业主导、政府推动、科技引领的园区发展模式。再次,中介组织是企业与农户之间的纽带,其主要任务是对农户开展咨询、评估与培训等工作,并向农户提供各类中介和科技服务。农业科技园区内的中介组织大多是具有国有和集体性质的、兼具行政职能和经营职能的特殊组织形式,包括种子站、供销合作社以及农机站等机构,它与一般意义上的农业合作组织具有不同的性质。中介组织不仅可以加强企业与农户之间的联系,还能重点关注企业的运行状态,积极关注市场的需求变化,为园区提供有效快捷的市场信息,帮助园区企业适时调整产品生产,使园区能够灵活应对市场变化。最后,农户可以将园区企业或中介组织推广的先进科研技术,有选择地运用到农业生产中,进而提高农业生产率。农业科技园区依托各种农业合作组织,以企业管理为依托改进经营机制,推动农业市场化,加强园区与市场之间的联系,促进农民增收、农业经济发展。因此,可以将企业管理机制引入农业科技园区,采用公司制运行,企业化管理,对园区的运行机制进行创新。

(五)以创新服务为关键完善环境机制

农业科技创新必需的环境条件是影响农业科技园区建设与发展的关键因素,只有具备良好的内外部环境,农业科技园区才能实现健康有序的发展。因此,要从加强园区基础设施建设、完善相关政策法规以及创新服务网络平台等方面,不断完善农业科技园区的环境机制,为农业科技园区的发展营造良好的服务环境(图6-10)。

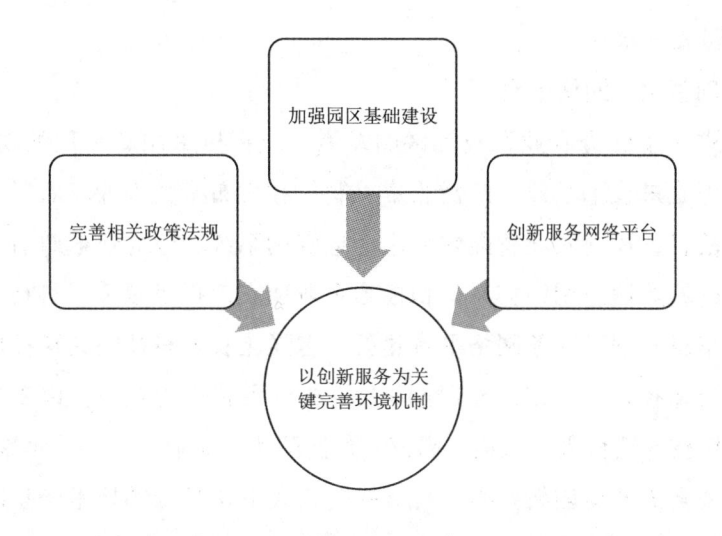

第六章 科技创新驱动下的农业建设与发展策略

图 6-10 以创新服务为关键完善环境机制

1. 加强园区基础建设

基础建设是农业科技园区创新发展的前提，农业科技创新无法脱离必要的物质载体，如农业科技创新中心、重点实验室、孵化器等。因此，要集聚政策、资金、人才等要素，积极扶持建设必要基础设施，强化物质技术保障水平。

2. 完善相关政策法规

农业科技园区的建设与发展，需要以一定的政策法规作为支撑和保障。一方面，根据农业科技工作的特点，不断完善促进农业科研机构持续发展的法律体系，比如吸引农业科技人才、推动人才合理流动的政策，有利于农业科技成果产业化的政策等。另一方面，要不断完善知识产权保护法规，切实保护科研人员从事农业科技创新的积极性。此外，还要健全农产品质量标准认证体系及相关规定，制定规范的农产品监测标准，建立农产品质量监测平台，组建园区质量联盟，形成有公信力的农产品安全检测体系。应鼓励园区开展产品质量认证，建立产品质量追溯系统，实现产品的可查询、可追溯，加强食品质量和产品质量监管，努力提升视频质量安全水平。

3.创新服务网络平台

为进一步促进农业科技园区的发展，应积极采用新一代的物联网、大数据等先进技术手段，广泛收集、制作和发布有关农业、农村、农民的动态信息，建立农业智能化专家信息咨询系统，建立连接政府、企业和农户的农业信息网络体系，积极为企业和农户提供政策、科技、生产和市场信息。创新服务网络平台建设，是强化农业科技园区科技成果转移的重要途径之一，以"互联网+"科技成果转化为核心，以需求为导向，连接技术转移服务机构、高校、科研院所、企业等主体，集聚成果、服务、资金等各类创新要素，打造线上与线下相结合的技术交易网络平台，不断完善科技成果信息共享机制，为促进农业科技园区发展提供良好的服务环境。

整体来看，农业科技园区是催生农业科技创新的"孵化器"，对于促进我国农业经济发展有着十分重要的推动作用。农业科技园区作为科技成果转化的主阵地，有助于促进科技研发，培育现代农业科技企业，对科技成果、企业集群、农产品及农业生产资料能够产生强劲的聚集效应，使农业新科技、新工艺、新产品不断涌现、升级和推广，从而提高农业生产的产业化、专业化、集约化、高效化、市场化水平，为农业的可持续发展和城乡融合发展提供强大的动力。展望未来，创新是农业科技园区存在的基础和产业发展的重要源泉，随着农业科技园区对科技依赖的进一步增强，农业科技园区在人才、科技成果以及创新能力等方面的能力将会日益增强。

第三节　田园综合体建设

一、田园综合体概述

田园综合体是以农业、农村用地为载体，融合"生产、生活、生态"功能，集农业全产业链目标的整合、农业科技体系的支撑、现代农业经营体系的优化、多种类型农业园区的结合、农村第一、二、三产业融合、区域经济发展于一体的新型复合载体。田园综合体是城乡一体化、美丽乡村建设以及加快推进乡村振兴的新支点、新引擎，是科技驱动农业经济发展的具体表现，是生态农业与乡村旅游融合发展的产物。

田园综合体是现代农业与农业旅游相结合的一种新型发展模式，是旨在拓展农业产业链、价值链的新业态。在田园综合体中，由政府主导建立农业科技教育基地、观光休闲教育等场所，这些场所可作为联结科教单位科研成果与生产实际的重要纽带，不仅可以为农业科技成果的展示和产业孵化提供必要的平台，促进农业科技成果的转化和辐射推广，还可以作为田园综合体的重要组成部分，实现更多的附加功能，如观光游览、示范教育等。

田园综合体集现代农业、休闲旅游、田园社区于一体，以现代特色农业为核心产业，以农民或农民合作社为主要载体，以文旅休闲为主要特色，通过第一、二、三产业的深度融合，实现了三次转变：第一次转变是依托自然之力和科技之力，实现了田园农产品的商品化；第二次转变是依托自然之力和创意之力，实现了田园文化产业化；第三次转变是依托田园社区，建立起了多种延伸产业。

（一）价值意义

1. 为推进农业供给侧结构性改革搭建新平台

田园综合体是推进农业供给侧结构性改革，转化农业经济发展动力，确立承载产业、集聚项目和融合要素的新平台。田园综合体集循环农业、创意农业、智慧农业、休闲农业于一体，是在一定地域空间内现代农业生产空间、居民生活空间、游客游憩空间、生态涵养发展空间等功能板块的有机组合。田园综合体的建立强调主导农业产业发展、生态环境建设、乡村田园社区建设以及农村集体经济、村民的共同参与和就业增收的一体化，注重农业产业的业态叠加和农业旅游的持续内生型产业集群，强调多功能农业发展的创新与运营，以空间创新带动产业优化、链条延伸。田园综合体是我国农业供给侧结构性改革的重要载体，建设田园综合体，有利于优化土地、资金、科技、人才等资源的配置，有利于促进传统农业的转型升级，促进农业可持续发展。

2. 为农业现代化和城乡一体化联动发展提供新支点

在田园综合体中，人们以健康、自然和可持续的理念进行农业生产，利用先进的农业生产技术、生产模式和生产品种，能够有效保护农业生态环境。同时，田园综合体打破了原有传统农业的局限，将农村碎片化的土地进行有效整合，将分散的土地经营主体联结起来，在一定程度上实现了农业生产的规模化，有助于降低农业生产成本和运营成本，有利于农业的科技化、产业化、专业化，进而实现农业的现代化。

田园综合体的建设从促进农业经济发展的角度出发，实现了文化、旅游、现代农业等多产业的融合，促进了第一、二、三产业的深度融合，有助于加强城市与乡村各要素之间的流通与互动，促进新型城镇化联动发展。

3. 为改造农业生产经营方式构建新模式

田园综合体的开发，为农业带来了科技、管理、生产、销售等环节的一系列变化，不仅促进了生态农业、观光农业、休闲农业等不同的农业发展模式的形成，还能够拓展多种类型的新兴服务业。另外，在田园综合体中，开展规模化的农业产业项目，有利于提升农产品的附加值和品牌影响力。

4. 为推进生态文明建设提供新动力

田园综合体是注重生态文明建设发展的主要方式之一，坚持资源节约、环境友好的特色发展理念，依托生态环保技术，促进生态文明建设。田园综合体，在农业生产方面，强调杜绝使用农药、化肥等化学制品，充分利用和调动生态系统的循环、协调、再生能力；在规划、设计和施工方面，强调利用物质循环再生原理和物质多层次利用技术，兼顾生态效益、经济效益和社会效益，实现资源利用效率最大化。可以说，生态环境理念已融入田园综合体建设与发展的全过程，田园综合体能够为推进生态文明建设带来新的动力。

（二）主要特征

田园综合体的特征主要包括功能复合、运营一体、市场导向、政府主导等（图6-11）。

图 6-11　田园综合体的主要特征

1. 功能复合

田园综合体具有多元化的经济产业结构，既需要满足种植、养殖等农业生产需求和加工、销售、物流等工业需求，又需要满足观光、游览、康养等服务性需求以及就业、住宿等生活需求。田园综合体的建设，一般是通过生产、产业、生活、文化、旅游等功能间的相互协调，对有限的涉农区域进行完善，在各部分之间建立一种相互依存的能动关系，从而扩大产业规模。在这一过程中，现代农业是田园综合体可持续发展的核心驱动力。

2. 运营一体

田园综合体，是建立在一定的市场调研和分析基础之上的，需要人们通过合理规划布局区域空间，确定其内部业态类型及要素集聚规模，并科学有序安排生产、开发、运营。田园综合体的建设，强调"农业+园区"的融合发展理念，按照农田田园化、产业融合化、运营一体化的发展路径，通过第一、二、三产业的互融互动，拓展现代产业原有的研发、生产、加工、销售产业链，把农业生产活动、农副产品加工、旅游休闲、文化创意、教育科普艺术会展等运营方式有机结合起来，凸显创意农业的特色。

3. 市场导向

田园综合体一般由涉农企业主导运营，以市场为导向，深入挖掘涉农区域资源优势，围绕农业增效、农民增收、农村增绿的指导思想，积极开展农业发展新模式。企业可以根据自身发展的优势和方向，与农户、合作社等主体建立利益联结机制，实现多方共建的"开发"方式，让农户不仅能够参与到田园综合体的建设当中，还能享受到现代农业发展所带来的产业效益、市场效益。

4. 政府主导

田园综合体的市场导向与政府主导并不矛盾，而是相互影响、共同促进的。田园综合体的建设，既要满足市场发展的需要，又要符合政府相关政策的规定。这就要求政府重点做好顶层设计，围绕改善农民生产生活条件，提高产业发展能力开展各项工作，提高区域内居民的获得感和幸福感。在田园综合体的开发过程中，政府需要牵头协调社会各方力量，鼓励各类机构加强对田园综合体的援助，积极统筹各渠道支农资金支持田园综合体建设。

（三）产业形态

田园综合体的产业形态主要包括以下3个方面：

1. 企业化承接农业，发展现代农业，形成当地社会的基础性产业

田园综合体用企业化的方式将传统农业提升为现代农业产业，有利于避免实力较弱的小农户实施短期化的农业规划。在建设田园综合体时，应实施中长期产业规划，以发展农业产业园区的方式提升农业产业，特别是发展现代农业，从而形成当地社会的基础性产业。比如打造"农业产业园+休闲农业"，引进现代技术，管理专业农户，制定产品质量控制标准，对接市场渠道，打造农业品牌，从而带动周边经济。

2. 规划打造新兴驱动型产业——综合旅游业，促进社会经济发展

综合旅游业是促进农村经济发展的引擎型产业。根据当地的资源条件优势，打造复合自然生态型的"配套服务+旅游产品+度假产品"组合，重点考虑组合功能、规模及空间搭配，以自营引擎项目及联营共生业态，打造业态逻辑和规模合理的田园生态休闲度假项目集群。

3. 开展田园社区建设，营造新型居住环境

田园社区是田园综合体的产业形态中的重要组成部分，在社区建设过程中，可以依托乡村原有自然风光将传统乡村打造为新型田园小镇，完善乡村周边及内部的基础设施，营造和谐理想的田园社区。

（四）建设原则

田园综合体的建设原则主要有以农为本原则、生态优先原则、因地制宜原则、协调发展原则等（图6-12）。

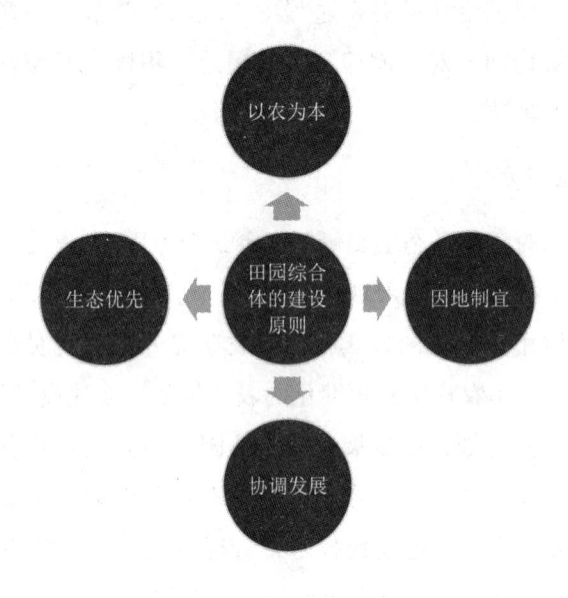

图 6-12　田园综合体的建设原则

1.以农为本原则

田园综合体的建设，要遵循以农为本的发展原则，其内涵具体包括以下3个方面：以农民为主体，以农业为基础，以农村为载体。

首先，要尊重农民意愿，把农民的利益放在首要位置，让农民参与进来，确保农民在田园综合体的建设与发展中获益，要着力构建企业、农民合作社和农民利益联结机制，带动农民持续稳定增收，让农民充分享受田园综合体发展成果。

其次，田园综合体的发展，要以保护耕地为前提，提高农业综合生产能力，将农业生产、加工与服务融合为一体，打造农业产业链，促进农业产业结构升级，提高农业综合效益和现代化水平。

最后，田园综合体的建设，要以保持农村田园风光为前提，借助当地独特的风土人情和自然风貌，发展各项产业，实现自身的可持续发展。

2. 生态优先原则

尊重大自然和保护生态环境是田园综合体建设的基本条件之一。在建设田园综合体的过程中，应始终牢牢坚持生态文明理念，全面落实各类资源保护、修复、利用的要求，尽力保护原生态的自然环境。田园综合体的建设不能以牺牲生态环境为前提，而是要在发展的过程中注重生态环境的保护和修复。在实践中，需要对农田、村庄、山林、道路、水域等组织要素进行系统梳理，做好生态保护和修复规划，保持乡村原有的生态风貌。

3. 因地制宜原则

田园综合体的建设，应根据各地实际情况，因地制宜地进行整体空间布局，发展区域优势产业。在田园综合体的建设过程中，应重点突出创新理念，不断挖掘本土特色，充分体现当地的地域性与文化性。

4. 协同发展原则

田园综合体的建设，涉及政府、企业、农户、社会组织等多个主体，这就需要努力构建起以农民为主体、以政府为引导、以市场为导向的协同发展格局。在田园综合体的建设中，政府要加强引导并呼吁社会各界力量共同支持建设，加强对市场的规范化管理，适当增加针对农民经营个体进行的集体培训，使农民按照运行市场化、规模化、规范化的方向，提高田园综合体的竞争力，让农民享受市场经济发展成果。另外，在开展产业选择、产品开发等工作时，也应按照政府指导、企业参与以及市场化运作的原则，完善创新建设、管理、服务模式，不断增强田园综合体发展的活力和实力。

二、田园综合体的重要支撑——现代农业和科技创新

在田园综合体的产业体系中，现代农业占据着十分重要的位置。田园综合体的建设，离不开现代农业的发展，它是现代农业在休闲旅游方面进行的延伸和发展。现代农业是田园综合体的重要组成部分，是田园

综合体形成的基础。依托现代农业，可以在田园综合体中积极拓展农业科普教育和现代农业观光，促进乡村新兴产业发展。在田园综合体中，较为常见的现代农业有创意农业、循环农业等，这些现代农业的运营模式虽各有特色，但都是以科技创新为重要支撑的。现代农业最为明显的特征就是依托科学技术实现高效益，科技创新是推动第一、二、三产业融合发展的重要纽带和引领现代农业发展的核心引擎。科技创新不仅能够提供先进的农业技术设备，进而提高现有农业生产技术水平和劳动生产率，还能够为农业开发提供高质量的生产资料和先进适用的耕作技术，进而提高农产品质量，使有限的农业资源发挥出更大的经济效用。总之，科技创新能够带动现代农业发展，与此同时，现代农业的发展还能进一步促进田园综合体的发展。下面就以田园综合体中的创意农业、循环农业为重点，具体分析科技创新对现代农业重要的支撑作用。

（一）创意农业

创意农业是以创新农业经营模式和拓展产业链为特征的现代农业，是在纵向深化科技投入和经营方式创新，在横向连接第二、三产业的一种综合立体农业。创意农业以科技为动力，以创意为核心，以市场为导向，综合应用多种方式将农业的产前、产中和产后等环节连接为完整的产业链条，使其产生更高的附加值，以实现资源优化配置。

1.科技创新对创意农业的支撑作用

科技创新和文化创意是创意农业发展的两大驱动要素，其中科技创新是创新农业中一种十分重要的表现形态。在促进创意农业发展的路径中，农业生产技术创意化是较为常见，也是十分高效的一种创意方式，它体现着科技创新对创意农业的重要支撑作用。在现代农业科技一般的物质生产功能基础之上，可以充分开发其特殊的文化精神功能，将现代农业科技本身视作一种特殊的观光休闲、科普教育产品，比如可以利用以气雾栽培技术为基础的空中作业、以无土栽培技术为基础的盆栽农业等农业科技创新，展示农业新农艺、新设施，发展创意农业；也可以利用科技创新整合各类社会文化资源，提升农产品的附加值。在利用生物科技手段改变农产品形状、色彩和口味等物理功能的同时，融入文化元素，增加农产品的文化艺术含量，并根据市场需求，运用新理念把农产品变为艺术品，大大提高农产品的附加值。比如方形西瓜、黑柿子等具有科技创新含量的农产品，要比一般的农产品具有更高的价值。

  创意农业，简单来说，就是将乡村的生产、生活、生态资源转化为创意产品的过程。这一过程的实现既需要文化创意软实力，又要依托科技创新硬实力，两者共同决定了创意农业的发展。科技创新是现代农业发展的动力源泉，创意农业作为现代农业的特殊形态，其发展自然也会受到科技创新的驱动和影响。在一般的现代农业产业形态中，科技创新通常只是为了提高农产品的数量、质量与品质，局限于农业的物质生产功能。而在创意农业中，科技创新不仅体现着一般的物质生产功能，还具有特殊的文化生产功能，即促使文化创意塑造的产品形态从理念转变为现实。因此，从这一层面看，科技创新是创意农业中文化创意实现的技术手段与重要支撑。在创业农业发展中，科技创新同样能够激发和启迪人们的文化创意构思，催生新的创意农业产品，进而推动创业农业的发展。比如智能技术催生了机器人嫁接蔬菜、摘草莓，网络技术催生了电脑视频观察农产品自然生产过程等新奇的文化创意项目。因此，这就要求人们依托科技创新，不断提升创意农业的创意水平和创意层次。

2. 创意农业对科技创新的需求

  创意农业作为现代农业的一种特殊形态，对科技创新有着以下三点特殊的需求（图6-13）：

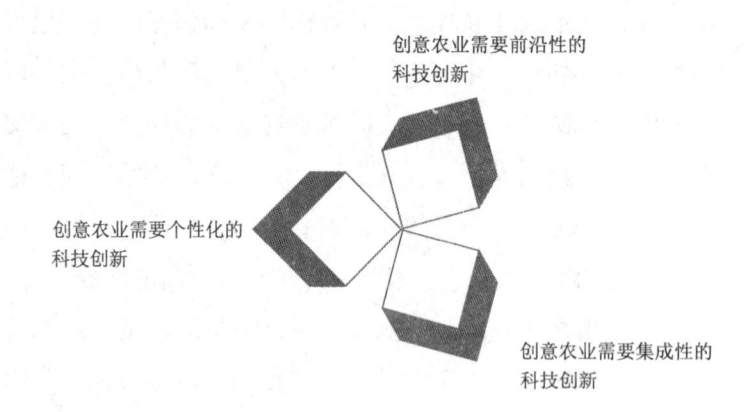

图 6-13　创意农业对科技创新的需求

一是创意农业需要前沿性的科技创新。创意农业在科技创新方面不仅是追求种植品种、肥料配方、病虫害防治、农业机械等方面的创新，还需要科技创新在此基础上有所突破，更具前沿性，在文化创意方面有所进展，比如选用最新的作物品种以增强视觉效果。

二是创意农业需要个性化的科技创新。创意本身就是个性化的表达，真正的创意产品都是特色鲜明的个性化产品。创意农业产品是农业创意构思的物化表现，不仅蕴含着区域特色农业文化内涵，而且具有个性化的艺术表现形式。现代农业的科技创新一般都是适用性强、能够在实际生产中被广泛应用的科技创新。创意农业作为现代农业的一种特殊形态，同样也需要适用性较强的科技创新，但由于其产品的个性化特征，所以个性化的科技创新也是不可或缺的。在创意农业中，科技创新的主要目的并不是为了广泛推广农业技术，而是为了专门服务于区域创意产业的特定产品或项目，比如山东省栖霞市艺术苹果的着色刻字技术、浙江省天台县的艺术葫芦种植技术等都是为服务于特定的项目而进行的个性化科技创新。

三是创意农业需要集成性的科技创新。创意农业是农业、文化、技

第六章 科技创新驱动下的农业建设与发展策略

术等多个要素的统一体，涉及农业自然科学、农业美学、农业生态学等多个学科。在此背景下，科技创新也应是农业技术、工业技术、食品加工技术、生物技术、信息技术等多个技术类别集成的产物。比如屋顶农业作为一种创意农业，集合了农业种植屋面建筑设计与施工技术、屋顶种植农作物品种选用与育种技术、屋顶蓄水排水平衡技术、屋顶建筑安全技术等多种技术创新。

3.科技创新带动创意农业发展策略

在进行农业科技创新时，要重点考虑创意农业发展所面临的主要科技问题或科技瓶颈，建立创意农业发展导向意识，不仅要遵循现代农业科技的物质生产导向，还要注重创新农业项目和产品的文化生产导向，使某些领域的农业科技创新顺应创意农业项目对农业科技的特殊需求。确立新的农业科技创新观念，将农业科技研发与创意农业发展、农业科技创新与信息技术、农业科技创新与文化创意设计进行有机结合，加强乡村信息工程建设，建立网络咨询服务体系，积极拓展技术服务和推广平台，为创意农业发展提供保障。

加快实现产学研一体化和系统化，提升农业科技创新能力，建立科技创新成果转化机制，及时高效地把研发的新技术转化为农业生产力。创意农业生产经营主体要加强与科研院所、高等院校等科技力量的合作，形成产学研有机结合的创意农业产业技术创新体系，将创意农业与科技创新通过组织化的渠道联结起来。这种做法不仅可以充分借助外部科技创新力量整合各项技术创新资源，促进产业技术集成创新，发展创意农业，还能够使科技创新活动更具目的性和针对性，加速科技成果转化和产业化应用。

为促进创意农业的发展，要建立与创意农业发展相契合的农业科技创新体系，开发专门服务和支撑创意农业发展的农业科技项目，特别是对创意农业具体产品有重大支撑作用的关键技术，比如北京大兴区在推进西瓜产业创意农业发展的过程中，为加强西瓜的观光休闲体验效果，邀请高水平的农业科技专家进行技术指导，研发出了适合观光采摘的品种和技术，即采立架栽培、双行种植、双满整枝技术等。

建立"政府组织、企业进入、农民参与"的创意农业基地，推进农业先进技术的推广与应用。政府组织要通过典型宣传、示范推广等措施引导农业科技人才介入创意农业项目的科技创新活动当中，鼓励科技机构、科技型企业积极参与，并建立起创意农业科技创新成果的知识产权保护机制。在创意农业科技创新成果的推广体系中，除了要充分利用已有的公共资源，还要注重发挥专业合作组织和农业龙头企业的示范带头作用，这是促进创意农业发展的重要路径之一。另外，农民是创意农业的生产者和实施者，所以应对农民进行创意农业相关技术培训，以提升创意农业科技的推广效果。

（二）循环农业

1. 基本含义

循环农业是以生态规律为基础，以资源高效循环利用和生态环境保护为核心，以减量化、再利用、资源化为原则，在农业生产过程中运用高新技术促进物质与能力的多层次循环利用，实现农业可持续发展的一种新型农业发展模式。循环农业最主要的两个特征是产业链延伸和资源节约。循环农业遵循资源节约的原则，注重农业生产环境的改善和生物多样性的保护，并将这一原则作为农业持续稳定发展的基础。另外，循环农业提倡农业产业化经营，实施清洁生产，通过改善生产技术和优化农业生产系统内部结构，按照"资源、农产品、废弃物、再生资源"循环式流程组织农业生产，实现资源利用最大化，并适度使用环境友好的农用化学品，将对环境的影响降到最低。

作为一种现代生态农业，循环农业是田园综合体核心产业的重要组成部分。发展循环农业，不仅有利于改善当地的生态环境，还有利于促进田园综合体的发展。河南康龙循环农业田园综合体，便是建立在循环农业基础之上的典型案例，循环农业也是该田园综合体的最大亮点。该田园综合体按照"百亩田千头猪"的生猪养殖模式，大力发展生态循环农业，形成了"生猪养殖+核桃树种植"的联合经营方式，以"百亩田"为单位，建设年出栏千头的生猪育肥生产线，其生产的粪污经过一系列处理后，就地还田利用，提高土壤肥力，实现了农业生产的生态化发展。

2. 主要类型

依据产业发展目标的不同，循环农业可分为农业产业链延伸型、生态农业改进型、生态环境改善型以及废弃物资源利用型4种类型（图6-14）。

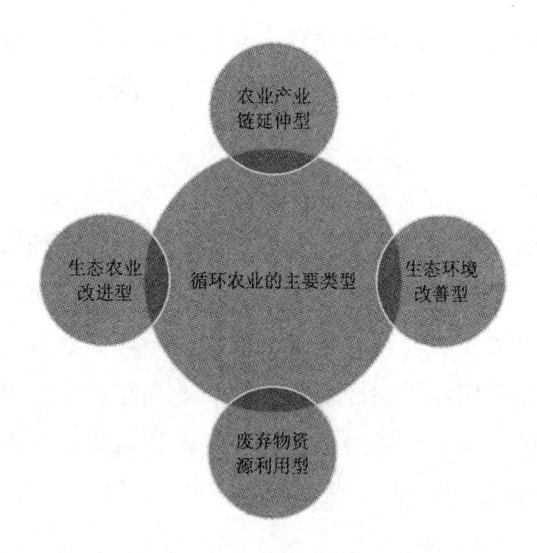

图6-14 循环农业的主要类型

农业产业链延伸型循环农业是以企业或公司为主导，以农产品加工、运销企业为龙头，实现企业与生产基地、农户的有机联合。企业生产紧抓原材料利用率、节能降耗等关键环节，使分散的资源要素在产业化体系的运作中重新组合，这在无形中使农业产业链条得以延伸，使农业产品附加值得以提高，并有效保证农产品的安全性和生态标准。

生态农业改进型循环农业是指在现有生态农业的基础上，从资源节约高效利用及经济效益提升的角度出发，对原有的生产组织形式和资源利用方式进行改进的一种发展模式。该模式通过种植业、养殖业、渔业、农产品加工业以及消费服务业的相互连接、相互作用，建立起一种良性循环的农业生态系统，最终实现农业的高效、优质、高产、可持续发展。

生态环境改善型循环农业注重农业生产环境的改善和农田生物多样性的保护，根据生态脆弱区的环境特点，优化农业生态系统内部结构及产业结构，运用生物、工程等技术实施综合开发，实现物质与能量的良性循环。

废弃物资源利用型循环农业以废弃物资源化利用为重点，通过技术处理将其转化为可再利用的资源，避免农业资源的浪费，提升农业生产的质量和效益。

3. 技术支撑

循环农业模式之所以能够实现高产、优质、高效和可持续发展，首先得益于农业关键技术的支撑，比如资源节约技术、清洁生产技术等。发展循环经济要依靠农业科技创新，要加强循环农业科学技术研究，推广促进资源循环利用和生态环境保护的农业高新技术，提高农业的基础含量，实现由单一注重产量增长的农业技术体系向注重农业资源循环利用与能量转换的循环农业技术体系转变。

循环农业的发展必须依赖农业科技的支撑。应加强循环农业关键领域和核心技术的集成攻关、研发，不断提升循环农业整体生产经营过程中的科技水平，并在此基础上促进循环农业的持续发展。一方面，可以建立相对完善的循环农业发展技术创新体系和推广体系，加强对基层农技人员和规模经营主体的技术应用培训，鼓励企业经营者、技术人员和农户采用循环农业技术，提高循环农业技术的覆盖面。另一方面，还可以实施新型职业农民培训、科技入户，加快培育一批循环农业科技示范户，突出循环农业技术的示范辐射作用。

随着科学技术的不断进步，循环农业的技术支撑不再局限于建设沼气池、增施有机肥、提高秸秆还田等基础性技术，而是充分考虑农业规模化、企业化、产业化发展中出现的生态破坏、环境污染、综合效益提高和农业精品等问题。因此，必须重视和大力发展循环农业的基础创新，重点研究推广优质、高产、高效动植物新品种和优势农产品产业带建设配套技术，水土保持、提高土壤肥力、防止土壤沙化、防止有害生物入侵等技术，建立有利于生态平衡的农林结合、农牧结合、农林牧渔结合的综合技术体系，减少环境污染的农业生产技术，减少资源消耗的节地、节水、节肥、节能农业生产技术等，并在此基础上积极探索研究新技术高效推广机制，促进科技成果的快速转化。

三、促进田园综合体发展的建议

（一）夯实基础，完善农业生产体系发展条件

农业生产体系是发展田园综合体的基础，是建设田园综合体项目必不可少的一大支撑体系，它能够为田园综合体的可持续发展提供必要的产业支撑和发展动力。因此，为促进田园综合体的发展，首先要做的就是完善农业生产体系发展条件，利用科技创新，大力发展现代农业，推进高标准农田建设。

高标准农田建设，是现代农业综合开发、田园综合体建设的重要使命，具有重要的现实意义和深远的战略意义，它不仅能稳步提升农业综合生产能力，有效保障农民持续稳定增收，还能够促进农业绿色发展，避免自然资源的过度破坏性开发，维护并改善人们的生产、生活的生态环境。在农业技术方面，高标准农田建设要求人们围绕关键性技术问题，开展科学研究，组织科技攻关，加强与科研机构、高校的合作，吸收引进和大力推广高标准农田建设先进实用技术，加强工程建设与农机农艺技术的集成和应用，推动科技创新与成果转化，提升项目建设管理的技

术水平。此外，还要运用先进科学技术对高标准农田进行监督和评价，确保高标准农田持续稳定运行。

（二）突出特色，打造涉农产业体系发展平台

田园综合体的发展过程是从单一的农业产业链向三产融合的综合产业链发展的过程，因此为促进田园综合体的发展，要依托传统优势主导产业，拓展多元化产业链，积极推进创意农业建设，深化信息技术的运用，为田园综合体的发展提供重要的保障（图6-15）。

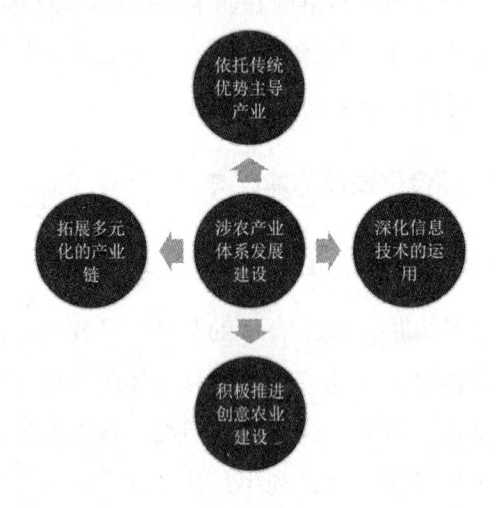

图6-15 涉农产业体系发展平台的建设

首先，发展田园综合体要依托传统特色优势主导产业。田园综合体的建设在不同地区各具特色，各地的资源禀赋、区位环境、历史文化、产业集聚都存在着很大的差异，所以，应围绕田园资源和农业特色，做大做强传统特色优势主导产业，运用科技创新稳步发展创意农业、循环农业，构建支撑田园综合体发展的产业集群。传统特色优势主导产业对其他产业以及田园综合体的发展具有强大的带动作用，是促进农民稳定增收、实现可持续发展的重要因素。田园综合体的建设与发展，应遵循因地制宜的原则，深入挖掘区域资源禀赋、农业特色、历史文化、基础

条件等优势资源，实施特色优势主导产业培育项目，打造优质特色农业产区，提升优质中高端特色农产品质量。同时引进先进的农业生产技术，提升农产品的加工能力，完善市场流通体系，形成各环节紧密衔接、各参与主体共同运营的完整产业链。

其次，发展田园综合体要拓展多元化的产业链。要想使田园综合体获得发展，就要将第一、二、三产业融为一体，将农业生产、休闲娱乐、农事体验等内容进行有机结合，拓宽农业生产的多种功能，推进农业产业与旅游、教育、文化、康养等产业深度融合，使其形成多元化的综合产业链。

再次，发展田园综合体要积极推进创意农业建设。可以运用"旅游+""文化+"等模式，统筹区域农业资源，在不破坏乡村生态环境的基础上，挖掘乡村文化资源，并将科技创新成果积极运用到创意农业的具体项目当中，充分依托农业科技为创意农业带来新的发展动力。

最后，发展田园综合体要深化信息技术的运用。充分整合各类数字平台资源，广泛运用信息技术指导农业生产，推进农业物联网试验示范和农业装备智能化，通过农业与信息产业融合，向在线农业、智慧农业、共享农业等新技术进行渗透，提升田园综合体的发展质量。

（三）创新机制，培育农业经营体系发展新动能

农业经营体系是田园综合体的运行保障。构建集约化、组织化、规模化、社会化、专业化于一体的农业经营体系，不仅可以推进农业现代化发展，提高农业综合效益和竞争力，还能促进田园综合体的可持续发展。具体可以从以下几个方面入手：

1. 壮大新型农业经营主体实力，完善农业社会化服务体系

新型农业经营主体是促进我国现代农业发展的核心力量，是建设田园综合体的主力军。目前，新型农业经营主体主要包括专业大户、家庭农场、农民合作社以及农业产业化龙头企业，其主要特征如表6-3所示。

表6-3 新型农业经营主体

经营主体	主要特征
专业大户	以家庭为单位，主要以从事某种单一农产品的初级生产为主，区别于一般的农户，具有规模化、专业化等特点，生产效率较高，是由传统的家庭联产承包转化而来的，较为被动地参与市场流通
家庭农场	以家庭成员为生产主体的企业化经营单位，具有法人性质，产业链较长，商业化、专业化程度较高，集农产品生产、加工、流通、销售于一体，涵盖第一、二、三产业，生产技术和设备较为先进，生产效率较高，其主要任务是发展生产
农民合作社	农户之间通过土地、劳动力、资金、技术或者其他生产资料自愿采取一定合作方式的经营组织，首先强调的是合作，其次是经济组织，其分工明确，从生产、加工到销售都有专门的团队，规模更大，专业化水平和生产效率更高，与市场的结合程度也更高
农业产业化龙头企业	依托在加工、销售环节形成的优势，带动周边农户加入企业或以与企业合作的方式进入市场，使农产品生产、加工、销售形成一体化运营，效率比前3种经营主体都高

发展田园综合体应当激活多元主体并使其参与经营，支持龙头企业成为经营主体，构建健全的新型农业经营体系。在农业经营体系发展方面，通过增强新型农业经营主体的实力，完善农业社会化服务体系，以土地流转、股份合作、代耕代种、土地托管等方式促进农业适度规模经营，使农业生产经营体系得到优化，农业生产效率和效益进一步提高。新型农业经营主体不仅是主要农产品供给主体，还是社会化服务主体。在积极壮大新型农业经营主体的同时，也意味着壮大了社会化服务主体。在田园综合体的建设当中，农业休闲、娱乐、体验、教育等多种功能的拓展和开发，需要农业社会化服务体系的支持。依托社会化服务体系，

第六章　科技创新驱动下的农业建设与发展策略

拓展农业新功能，发展农业新业态，鼓励家庭农场、农民合作社等新型农业经营主体向第二、三产业延伸，发展农产品储藏、加工、运输、营销产业链，支持农产品加工龙头企业联通第一、三产业，通过延伸农业产业链条，提升价值链，贯通供应链，推动农业产前、产中、产后的一体化，促进第一、二、三产业的深度融合发展。

2. 发展农业适度规模经营，优化农业生产经营体系

农业适度规模经营是在特定的环境和社会经济条件下，通过优化配置各项生产要素，合理组织农业产前、产中、产后各环节，促进农业劳动率提高，进而实现规模效益。目前，农业适度规模经营方式主要包括土地流转、土地托管、农村土地股份合作以及代耕代种等。土地流转是指土地使用权的流转，即拥有土地承包经营权的农户将土地经营权或使用权转让给其他农户或经济组织，保留承包权，转让使用权。土地托管是在"农户加入自愿、退出自由、服务自选"的原则下，不改变集体土地所有制的性质、不改变土地的承包使用权及土地用途，由合作社等组织为农户提供从种到管、从技术服务到物资供应的全程服务。农村土地股份合作是在稳定农村土地家庭承包制的基础上，由多个农户（或者包括集体经济组织）在平等、自愿的基础上，按照章程或协议，以合法拥有的土地承包权利折价入股，组成一个相对独立的法人经济实体。代耕代种与土地托管较为类似，但代耕代种一般由个人承担耕种、收割等服务，代种报酬由双方协商，并不改变原土地承包关系。

现代农业是田园综合体的核心产业和基础产业，而农业适度规模经营是实现农业现代化的重要途径，是提高农业效益、增加农民收入的现实选择。因此，发展田园综合体，应当积极发展农业适度规模经营，在保障农民增收的同时，为建设现代高效的田园综合体奠定坚实的基础。新型农业经营主体是农业适度规模经营的载体，因此发展田园综合体应坚持循序渐进的原则，综合考虑农业资源禀赋、经济条件、政府规划等因素，积极壮大新型农业经营主体实力，健全农业社会化服务体系，为

农业适度规模经营发展提供有效支持和保障。发展田园综合体还应在满足不同新型农业经营主体基本利益诉求的基础上，运用土地流转、股份合作、土地托管、代耕代种等方式促进农业适度规模经营，加快农业技术推广应用，优化农业生产经营体系，进而提高农业的经济效益、社会效益和生态效益。

3. 强化服务和利益联结

发展田园综合体，不仅要积极壮大新型农业经营主体，还应积极推进农业服务平台建设，为农业生产的产前、产中、产后提供专业化的专项服务和全产业链的综合服务。运用互联网、大数据和人工智能等技术，与农业企业、农产品交易平台系统对接，探索全流程在线操作的网络融资服务，实现移动线上审批，提高为农服务效率。

田园综合体的建设与发展涉及政府、企业、农民等多个利益主体，因此，发展田园综合体应该兼顾农民合作社、专业大户、农户、龙头企业等各方利益，坚持为农服务宗旨，在确保不损害农民利益的基础上，加强多元主体相互协作和融合，增强各主体间的合作意识。通过合作制、股份制、产业联合体等多种形式的利益联结关系和组织方式，建立完善的利益联结机制，使农民参与到田园综合体的建设当中，享受现代农业的产业效益，进而提高农民积极性、主动性，实现生产效益最大化，带动区域内农民收入可持续稳定增长。

（四）形成合力，健全优化运行体系建设

运行体系贯穿田园综合体建设的整个过程，能够为推进田园综合体健康有序发展提供必要的支撑。在促进田园综合体的发展过程中，确定合理的建设运营模式，形成健康发展的合力（图6-16）。

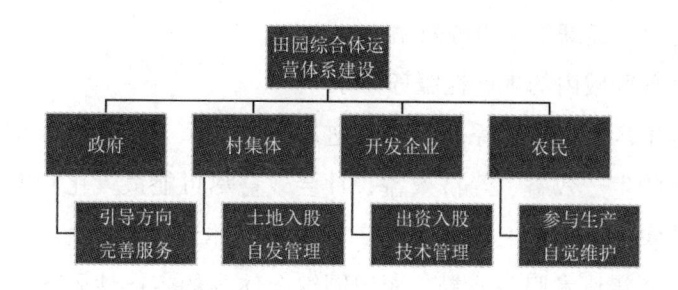

第六章　科技创新驱动下的农业建设与发展策略

图6-16　田园综合体运营体系建设

政府在田园综合体的建设发展中，扮演着十分重要的角色。政府主要承担政策引导、规划引领、监督管理以及公共服务体系支持等职能，它不仅能够为田园综合体的运营和实施创造良好的外部环境，还可以为田园综合体中的企业、农村合作社和村集体等组织搭建高效的服务平台。

村集体是农民另一种身份的体现，农民可通过村集体参股、经营合作社等方式参与田园综合体的建设并从中获得收益。

开发企业主要通过专业化的管理和科学的市场分析为田园综合体的其他经营主体提供技术指导与资金支持，促进田园综合体高效运营。

农民作为田园综合体建设的核心人员，是田园综合体项目的主要参与者。农民主要负责农业生产、乡村环境整治、项目后期管护等工作，是田园综合体建设与发展必不可少的主体。

为促进田园综合体的发展，要妥善处理好政府、农民、企业等主体之间的关系，加快培育地方龙头企业、农村合作社等集体组织并让农民成为田园综合体的市场主体，充分发挥企业、村集体、农民及其他主体在田园综合体发展运营中的作用，构建共建共享服务平台，加强多元主体间的合作。

（五）完善功能，补齐公共服务体系建设短板

要想使田园综合体获得高质量、可持续的发展，就应该构建设施完善、服务齐全的服务体系，集聚人才、资本、信息等要素，增强公共服

务管理能力，提高为农服务效率。

1.完善区域内的生产性服务体系

构建生产性服务体系，可以促进第一、二、三产业融合渗透，使田园综合体的生产效益、经济效益、社会效益尽可能最大化。生产性服务体系包括农业、工业、服务业等产业的多个环节，如交通运输业、金融服务业、高新技术服务业等，而田园综合体中的生产性服务体系主要通过提供农业生产性服务为农业提供中间投入，为科技、信息、资金、人才等要素有效植入农业产业链提供必要的途径，包括农资供应、农业市场信息、农业绿色生产技术、农业废弃物资源化利用、农产品销售等服务。

完善的农业生产性服务体系，有利于加快推进田园综合体项目的建设与运营。所以，要构建适应市场需求的产业和公共服务平台，聚集市场、信息、人才、资本、技术等现代生产要素，做好生产要素供给服务，如产业研究、品牌素质与推广、农业电商、新技术支持等。完善区域内的生产性服务体系，推广城乡产业链双向对接，大力发展农民新产业、新业态，进而促进田园综合体的全面发展。

2.完善综合体社区公共服务设施和功能

田园综合体的服务对象不仅是旅游者，还包括当地居民、村集体等利益相关者，因此需要创建一个环境优美、设施完善、功能齐全、服务便捷、和谐共享的田园社区。社区公共服务设施是提高社区公共管理与服务水平，满足人们生活生产需求的物质基础。完善综合体社区公共服务设施与功能，不仅能够提升综合体田园社区建设质量，满足居民、旅游者等人群的聚集居住需求，还能够提高综合体社区管理服务水平，增强当地居民、旅游者等人群的归属感和生活幸福感。

发展田园综合体，应当加快完善综合体社区基本公共服务体系，并在完善交通、给排水、电力、电信等基础设施的基础上，全力抓好教育、医疗卫生、体育、社会保障等服务建设，形成产城一体的服务配套网络。

（六）绿色发展，构建乡村生态体系屏障

尊重自然和保护生态环境是田园综合体建设与发展的首要条件。在发展田园综合体的过程中，要始终坚持生态文明理念，严守国家生态安全底线，在不破坏原有生态环境的基础上进行开发，尊重自然规律，构建人与自然和谐共生的空间格局。

田园综合体模式遵循生产、生活、生态"三生"统一，是符合绿色发展理念的生动实践。在发展田园综合体过程中，既要遵循生态学原理，保护好、利用好原有的自然生态景观，又要符合循环经济和生态文明理念的要求，对田园景观资源进行合理优化。优化田园景观资源配置，需要遵循生态可持续发展的理念，积极开发并利用田园景观资源。如"田园东方"项目，在雨水收集系统、水体净化系统、河塘系统和生态循环系统上做了很多创新和尝试，形成了具有自身特色的生态涵养系统，这一系统还成为该田园综合体特殊的景观资源优势。另外，根据当地实际情况，在保护原生态自然环境的基础上，对乡村独特的田园、山水资源进行开发和利用，打造一批观赏型农田、果园、山水风光区的自然景观。还要立足本地历史文化资源，将农业生产与乡村民俗文化进行有机结合，打造独特的人文景观。

第四节 以科技为核心的精细农业

一、精细农业的含义

精细农业是指以国内外市场需求为导向，以信息技术为支撑，采用现代化农事操作与管理系统，生产有竞争力的高技术、高品质、高产量、高效率、高收益的农产品及其加工品的现代化农业生产模式和技术体系。精细农业是信息技术与农业生产全面结合的一种新型农业，是农学、农

业工程、电子与信息技术、管理科学等多种学科融合的产物,对于促进农业经济发展有着深远的战略性意义。

　　精细农业技术是一种以信息为基础、直接面向农业生产者服务的技术,主要包括全球定位系统(GPS)、地理信息系统(GIS)、传感器及检测系统、计算机控制器等多种物联网技术。农业物联网是农业生产力发展到一定程度的重要标志,是促进农业发展与进步的重要工具,是推动农业生产经营现代化的重要手段。现代农业对高新技术的强烈需求,加速了农业物联网的到来。随着物联网的广泛应用,农业生产与物联网技术实现了有效融合,这使得我国农业信息化水平得到了较大程度的提高,标志着我国农业在由粗放型农业向精细农业转变的道路上迈出了关键一步。

　　精细农业的核心思想就是利用物联网技术获取农田内影响动植物生长和产量的各种因素的时空差异,避免因盲目投入造成资源浪费和环境污染。精细农业的特点主要包括以下三点:第一,精细农业合理施用化肥,降低生产成本,减少环境污染。精细农业采用土壤、作物全面平衡施肥,改变传统农业中出现的肥料比例失调状况,具有明显的经济效益和生态效益。第二,精细农业可节约水资源。精细农业可由作物动态监控技术定时定量供给水分,通过滴灌、微灌等新型灌溉技术,在减少水资源消耗的同时尽可能获得高产量。第三,精细农业可节本增效,省工省时,实现优质高产。精细农业采取精细播种、精细收获技术,并将精细种子工程与精细播种技术进行有机结合,实现农业的低耗、优质、高效生产。

　　具体来看,物联网在精细农业上的应用主要包括农作物生长监控和农产品溯源两个方面。一方面,可以通过物联网光照、温度、湿度等无线传感器,实时采集农作物生长环境中的温度、湿度、光照、土壤含水量、二氧化碳浓度、叶面湿度等环境参数,通过监控设备实时采集视频信息,随时随地观察现场情况,查看现场温湿度等数据,并利用这些数据为农业综合生态信息自动监测、环境自动控制和智能化管理提供科学依据。另一方面，精细农业可从农产品源头到消费终端，建立起来的一整套可供识别的防伪信息验证查询系统，实现对农产品种植过程、施肥和用药情况的追踪。

二、精细农业与农业科技的关系

精细农业是在科技进步基础上发展起来的，是高新技术、农业机械和农艺农技的有机结合。随着农业科技的进步，目前农业的生产模式已经不再是传统的耕种方式，逐渐开始向机械化和技术信息化的方向发展，精准农业已经使越来越多的农户感觉种植变得更加轻松简易。

精细农业的主要特点是农业信息化程度较高。随着计算机、通信、人工智能等技术的迅速发展，农业生产越来越依赖于计算机或其他通信工具和设施的信息化。农业信息化的基本特征是农业基础装备信息化、农业技术操作全面自动化、农业经营管理信息网络化。如作物的模拟模型及智能决策支持系统实现对作物生产系统的动态预测和市场决策；应用数据库技术、网络技术和信息服务系统来提高农业信息获取、处理和应用的能力；"3S"技术（遥感系统、地理信息系统和全球定位系统）应用则可对作物生产环境和状况、自然和生物性灾害等进行实时监控和预测，以及定时、定量和定位的智能化农作管理。这些方面的研究领域相互交叉和渗透，逐步发展形成综合性和智能化的作物栽培决策系统。这一系统的形成，离不开农业科技的开发与应用，对于促进精细农业的形成与发展有着十分重要的意义。整体来看，受到物联网、大数据等先进信息技术的影响，精细农业将会迎来更为广阔的发展前景。

三、促进精细农业发展的策略

精细农业是在把握影响作物生产条件的基础上实施的精确性生产，需要在集约化、规模化、程度较高的作物生产系统的前提下实施。在利用农业科技促进农业经济发展的过程中，可以先在小范围的农田上进行试验研究，并结合发展农村社会化服务方式，开拓出新的服务领域。生产高品质、高附加值产品的过程中，不断吸收电子信息科技前沿的成就。

在我国，精细农业的技术思想应在设施园艺、集约养殖、农产品品质优选、储藏加工等增值产业中先付诸实践与推广，这对我国依靠先进技术装备和农业精细经营技术的支持，实现农业增产、农民增收、农村稳定，具有重要的现实意义。

为促进精细农业的发展，在研究推进新的农业科技革命时，要注意构建具有创新意义的新技术体系，以支持农业的可持续发展。新的技术体系应在科学理论或方法上，以及在高新技术的应用上有重要的突破，能够引起技术上产生质的飞跃，为实现我国农业科学技术率先跃居世界先进水平做出贡献。在试验研究中，要加强多部门、多学科间的相互合作，协同攻关。重点发展学术交流，加强国际合作，重视应用基础研究。在高等农业工程院校的学科建设与教学内容改革中，要创造条件开设有关 GPS、GIS、RS 应用课程，加强电子信息高新技术在农业领域的应用技术开发研究。

第五节 现代都市农业建设

一、现代都市农业的特征、类型及发展意义

都市农业是地处都市及其延伸地带，紧密依托并服务于都市的农业，是在大都市、都市郊区和大都市经济圈以内，以适应现代化都市生存与发展需要而形成的现代农业。都市农业的发展是伴随着社会经济的快速发展，从城郊农业中逐渐衍生出来的一种现代农业模式。经济的发展、城市化进程的加快、人民生活需求不断提升等，都是促进都市农业产业

第六章 科技创新驱动下的农业建设与发展策略

与发展的重要因素。

都市农业是在城市化进程中,城市居民需求日益多样化的背景下产生的,与传统农业相比,其土地和劳动力的使用成本相对较高,更加注重科学技术的应用和创新。发展都市农业是推进农业供给侧结构性改革、提高供给体系质量和效率的重要路径,是促进城乡一体化发展、提高农村发展水平的必然选择。

现代都市农业是城市化发展到一定阶段的产物,是对农业与城市发展关系的反映。从大多数国家的情况看,农业和城市的关系主要经历了3个发展阶段:

第一,城郊农业阶段。城郊农业以农产品供给为主,主要突出农业的经济效益,其主要特征是单一的农业为城市提供服务。与此同时,城市也没有足够能力为农业发展提供资金、技术等支持,农业的自身发展能力十分微弱。

第二,都市农业阶段。这一阶段,城市能够为农业发展提供一定的资金支持和技术保障,城市化地区及其周边地区农业,能够利用大城市的科技、资金、信息及现代化设施等资源优势,发展多种产业,但这些产业的集中化程度仍处于较低的水平。

第三,现代都市农业阶段。这一阶段的城乡关系与前两个阶段有了较大的变化,城市有足够的能力反哺农业,以雄厚的科技、财政、金融等为主要内容的农业支持体系日益完善。现代都市农业是一种集约化程度较高的现代农业,反映着农业、农村与城市经济、文化、科学、技术和生态系统的高度融合。现代都市农业是用现代科学技术武装起来的农业,不仅追求经济效益,还追求生态效益和社会效益的统一,在保障经济社会持续稳定发展、提供安全的农产品、增加就业岗位等方面发挥着无法替代的重要作用。

（一）特征

现代都市农业主要具有以下特征：

1.科技密集化

现代都市农业属于一种科技型产业，是现代科学技术的聚集地，具有科技密集化的特征。随着微生物学、遗传学、分子生物学、现代植物学、工程科学和信息科学等学科的不断发展，现代都市农业与现代科学技术高度融合，人们在都市农业经营过程中广泛应用育种、土壤改良、栽培、饲养和植物保护等相关农业科学技术，并积极引进遥感、电子、原子能、激光等先进科学技术。现代都市农业在发展过程中，还逐步形成了机器体系，使农业机器发展成为一种重要的生产工具。科学技术的运用，不仅使现代都市农业生产的农产品产量得以提升，还使农产品的品质得到了优化，并实现了降低劳动强度、减少能耗、保护生态环境的目的。

2.农业功能多元化

随着人们生活水平的不断提高，现代都市农业为满足人们日益丰富的生活需求，拓展出了多元化的农业功能，这也是现代都市农业的基本特征之一。现代都市农业不仅要充分利用都市提供的科技成果及现代化设施进行生产，为城市市场提供农副产品，还要具有为市民提供优美生态环境、美化绿化市容市貌、提供旅游观光场所、进行文化教育等多方面的功能。

整体来看，现代都市农业的功能可以归纳为经济功能、生态功能和社会功能3大类型（图6-17）。

第六章　科技创新驱动下的农业建设与发展策略

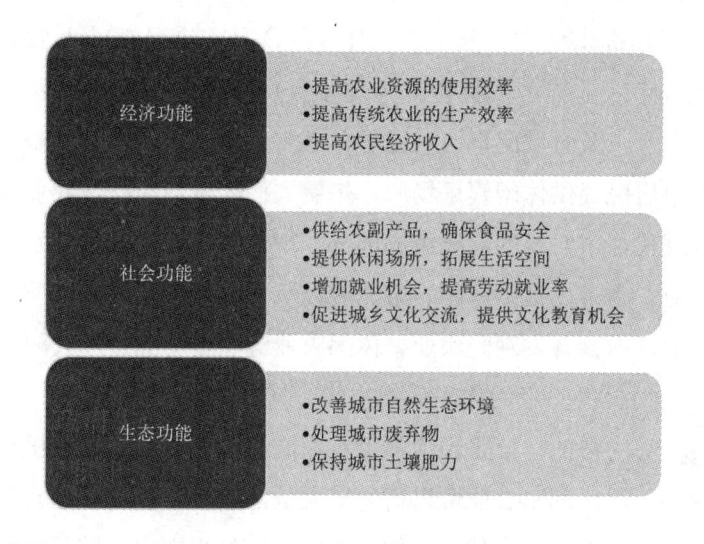

经济功能	•提高农业资源的使用效率 •提高传统农业的生产效率 •提高农民经济收入
社会功能	•供给农副产品，确保食品安全 •提供休闲场所，拓展生活空间 •增加就业机会，提高劳动就业率 •促进城乡文化交流，提供文化教育机会
生态功能	•改善城市自然生态环境 •处理城市废弃物 •保持城市土壤肥力

图 6-17　都市农业的主要功能

经济功能主要体现在提高农业资源的使用效率、提高农业的生产效率和提高农民经济收入 3 个方面。首先，现代都市农业与城市距离很近，具有空间便利性，可依托城市丰富的资源优势，利用现代科学技术进行农业生产，大幅度地提高农业的生产效率。其次，现代都市农业在生产上依靠精耕细作，采用土地集约化的经营方式，重点发展高附加值的产业，在提高土地生产效率的同时，确保较高水平的农业产出。最后，现代都市农业的经济功能还体现在提高农民的经济收入上。传统农业生产方式下，农民收入主要来源于出售农产品，且初级农产品价格低、易受天气等自然因素影响，相比之下现代都市农业的生产经营具有明显的农民增收功能，多元化的经营方式，生产、加工销售一体化，使得农民的收入来源更为广泛。同时，由于充分利用城市的科技、市场、资金等要素优势，现代都市农业的生产成本更低，进而使农民可以获得更多的收益。

社会功能是指现代都市农业能够为城市提供的难以替代的公共产品。现代都市农业的社会功能主要体现在以下 4 个方面：一是现代都市农业能够为城市居民提供优质、卫生、无公害的产品，满足都市人群的消费需求。现代都市农业充分发挥特殊地理位置优势，利用先进的农业生产技术，就近生产、及时供应都市居民每日必需的新鲜农产品。二是现代都市农业为城市居民提供休闲娱乐场所，拓展人们的生活空间。农业观光、休闲旅游是现代都市农业的重要组成部分，现代都市农业通过开发农业观光等特色产业，为市民提供休闲、游览的场所，提高人们的生活质量。在现代都市农业区内，开发观光农业、休闲农业等项目，如市民农园、休闲农场等，为人们提供一定的休闲活动空间，使其减轻工作及生活上的压力，达到愉悦身心的目的。三是现代都市农业能够为人们增加就业机会，提高劳动就业率。现代都市农业可以衍生出大量涉农生产企业、经营服务业等生产部门，增加大量城市就业岗位，为城市化过程中农村转移出的大量剩余劳动力和城市人群提供工作机会，提高劳动就业率。四是现代都市农业具有促进城乡文化交流，提供文化教育机会的功能。现代都市农业通过开辟市民农园、农业科技园区等，促进城乡文化交流，让市民尤其是青少年直接接触到农业和农业科技，体验农业生产的乐趣和农业文化的魅力，因而具有较强的教育功能。

现代都市农业的生态功能，主要体现在改善城市自然生态环境、处理城市废弃物、保持城市土壤肥力3个方面。现代都市农业通过栽植树木、栽培花卉、培育草坪、建设绿地等措施，改善城市的自然生态环境，维护生态平衡；通过发展生态农业、创新生态园林区、开设观光景点，建立人与自然、都市与农业和谐共生的生态环境。现代都市农业通过科学处理城市废料，可以有效加快城市生态系统循环，实现资源集约和环境友好的发展目标。此外，现代都市农业还可以通过利用城市闲置土地，使城市水土资源得到保护，保持城市土壤肥力。

总之，现代都市农业不仅具有传统的经济功能，还具有休闲、教育、稳定就业、美化环境等社会功能和生态功能。现代都市农业不仅要充分利用科技成果及现代化设施进行农业生产，为都市居民提供名、特、优、鲜的农副产品，还要为城市居民提供优美生态环境，绿化美化市容市貌，提供观光休闲场所，进行传统文化教育。

3. 农业要素集约化

现代都市农业表现为科技、资本、设施等要素的高度集约化。在现代都市农业中，人们广泛应用现代农业科学技术，不断增加劳动资本，使农业生产由粗放型转变为集约型，组织管理更为有效，显著提高了农业投入要素的集约化程度。

4. 产业一体化

现代都市农业对城市发展有着特殊的作用，它有别于一般的传统农业，属于一种特殊形态的现代农业。现代都市农业是第一、二、三产业延伸融合的复合型农业，是根据城市发展及市场消费需求，构建的集精品生产、自然生态、旅游观光、教育示范、文化交流等多种功能于一体的现代农业。

现代都市农业，实现了农产品生产、加工、销售等过程的一体化，推动了第一、二、三产业的融合发展。现代都市农业是处于不断发展中的综合型产业，它在与工业、商业、金融等领域融合发展的过程中，会衍生出新兴产业，如观光休闲、能源环保等，这些产业以现代都市农业为核心串联为一个统一的整体，实现共同发展。

5. 农业发展可持续化

现代都市农业属于一种绿色农业，有利于促进农业可持续发展。现代都市农业凭借其特殊的生态功能，能够实现资源的重复利用和土地的高效管理，对于发展生态农业、环境友好型农业，保证食品安全等方面有着十分重要的意义。

（二）类型

根据功能的不同，现代都市农业可分为市民农园、观光农园、农业公园、休闲农场、教育农园、高科技农业园区等，不同的现代都市农业类型有着不同的特色,如表6-4所示。

表6-4 都市农业的基本类型

类型	规模	特色
市民农园	较小	由农民提供耕地,农民帮助种植管理,由城市市民出资认购并参与耕作,其收获的产品归市民所有,市民可在耕作期间体验享受农业劳动过程乐趣的一种生产经营形式
观光农园	可大可小	经营形式包括自助农园、森林游乐区、乡村旅游、休闲农场等,主要为市民提供采摘、垂钓、露营、烤肉等多种休闲活动
农业公园	较大	按照公园的经营思路,将农业生产场所、农产品消费场所和休闲旅游场所融合为一体的经营方式,具有游览观光、休闲体验、文化交流和农产品消费等功能
休闲农场	可大可小	一般在交通便利、休闲农业资源丰富的区域,开发富有地区特色的高品质农业观光和休闲度假庄园,集住宿、度假、游乐等功能于一体
教育农园	较大	兼具农业生产与教育功能,农园中的动植物及基础设施具有教育内涵,如热带植物、稀有动物、农耕设施等,为游客提供学习农业知识、了解农耕文化、体验农业技术等休闲农业活动经历
高科技农业园区	较大	采用新技术生产手段和管理方式,形成集加工、营销、科研及推广等功能于一体的,高投入、高产出、高效益的种植区或者养殖区
森林公园	较大	以森林风光与其他自然景观为主体,供人们休闲、旅游、野营、科学考察等

可见,现代都市农业有着多种多样的类型,是以满足城市人群观光、休闲、体验、教育等需求为依托,实施现代化管理,促进城乡融合的一种农业经营方式。

第六章 科技创新驱动下的农业建设与发展策略

（三）发展现代都市农业的意义

现代都市农业将农业与旅游业，城区与郊区，第一、二、三产业融合为一体，形成具有紧密联系并服务于都市的、生产力水平较高的现代农业生产体系，是推动城乡一体化建设的强大动力。现代都市农业不仅能够为城市、社会创造物质财富，还能够为农业劳动者带来收益，为农业发展带来新的机遇。

现代都市农业以其广泛的就业功能，为农民与市民提供了新思路。一方面，现代都市农业活动自身需要一批直接生产者和经营者，另一方面，它还需要越来越多的涉农第二、三产业人员。这些涉农产业，包括了农产品的贮藏加工，农业的产前、产中、产后的社会化服务，观光农业、休闲农业等。在拓展农业的同时，也赋予了农业新的生命力，创造了大量的就业岗位，实现了农业增效和农民增收。

现代都市农业不仅具有为都市提供鲜活农产品的经济功能，还具有良好的生态功能。现代都市农业通过自然代谢对人类活动产生的废弃物和污染物进行净化、处理、降解，有利于维持生态平衡和保留用地储备，维持城乡协调发展，对于促进农业和城市可持续发展有着十分重要的意义。

二、现代都市农业以技术领先为重要标志

现代都市农业的发展过程是综合产业技术进步的过程。作为现代农业发展的高级阶段，现代都市农业具有综合技术领先的重要标志，这种技术领先并不是传统意义上单一的农业生物技术进步、农产品加工技术进步、农业设施技术进步，而是多种技术进步相互融合，共同推动现代都市农业发展，并与市场发展保持同步。现代都市农业与市场机制联系密切，是一种贴近市场的农业，如果农业中的环境技术、信息技术、产业经营管理技术与市场发展理念相悖，那么现代都市农业就不可能取得实质上的进展，更不可能取得经济效益、社会效益和生态效益。

现代都市农业采用现代农业生产技术,实现了农业的信息化、智能化,重点采用和推广促进环境友好的农业技术,实现了农业的环境可持续化,运用现代农产品经营理念,推广以农产品供应链为核心的农产品一体化经营模式,实现了农业由传统的原料产业向现代消费品产业转型,这些变化都得益于农业科技进步与农业技术创新。

现代都市农业的发展,依赖于现代科技,特别是生物功能和电子技术的进一步运用,使农业生产、农产品加工、运输流通、销售等环节形成高科技、高品质、高附加值的农业生产经营体系。在现代都市农业中运用现代信息技术、生物技术、新能源技术等科学技术,有利于发展高水平的农业生产力,实现农业生产的自动化、生产条件自控化,发展技术密集的设施农业。

三、以科技为支撑促进现代都市农业发展的策略

(一)深化农业科研体制改革,形成现代都市农业科技合力

现代农业并不只涉及农业这一个单一的部门,而是多个产业部门的融合。因此,为实现现代都市农业的发展,必须突破部门、单位之间的局限性,形成适应市场经济发展需要的,能够促进科研、生产紧密结合的科技管理体制,将科技、农业、工业、贸易等产业部门聚集起来,组成都市农业的科技合力,加速现代都市农业的科技进步。

深化农业科研体制,有助于促进农业科研活动直接面向农业生产和农村市场,打破农业科研与农业生产脱节的局面,加强农业科研与农业经济、现代都市农业之间的联系。深化农业科研体制,是加快农业科技进步,促进现代都市农业发展的必然选择,人们要将科技进步真正摆在突出位置,提高农业科技在国家科技投入中的比重,在机构设置、人员聘任和投资建设等方面实行新的运行机制。对此,需要根据我国国情和农业科学的特点采取以下措施:第一,我国地域辽阔,自然条件千差万

第六章 科技创新驱动下的农业建设与发展策略

别，农业科研领域面广量大，区域性强，因此，必须分层次、分区域设置农业科研机构。第二，农业科学涉及技术科学、生物科学、环境科学和经济科学等多个学科，农业科研单位应认识到农业科学的这一特性，在其理论体系和技术体系指导下开展各项研究工作。第三，农业科学研究要着眼于第一、二、三产业融合发展，农工商综合经营，不仅要研究农业生产本身，还要对与农业生产相连的产前、产后环节加强研究。第四，农业科研机构、教育、企业等主体是有机的整体，其任务应各有侧重，强调分工合作，共同促进农业科技和现代都市农业的发展。

（二）建立一体化农业生产经营体系，增强现代都市农业发展动力

促进现代都市农业的发展，最终还是要靠农业技术进步和农业技术创新，而要想实现农业技术创新，必须走农业生产经营体系一体化发展的道路，建立和发展完善的生产、销售体系，将科研机构、农业企业紧密组合起来，形成以市场为导向、以科技为依托的一体化农业生产经营体系，增强现代都市农业发展动力。

围绕现代都市农业建设，创新农业生产经营体制，逐步建立起以家庭联产承包为基础，以农民合作社和龙头企业为纽带，以各类社会化服务组织为保障的新型农业经营体系。要促进农业生产经营的集约化、专业化、组织化和社会化，充分发挥各类农业经营主体的作用，使各类经营主体并存，共同构建一体化农业生产经营体系。

（三）加强和优化农业资金机制，提高现代都市农业的竞争力

现代都市农业应具有高科技含量、高技术装备、高素质人才、高经济效益的特点，同时需要高密度的资金投入。因此，要调动社会各方力量，构建多元化、多渠道的现代都市农业资金机制，并将主要资金投入促进农业科技进步和农业科技创新上去，进而提高现代都市农业的竞争力。

加大政府对各级农业服务机构的补贴力度，有效引导金融机构加大对农业的服务力度，合理利用农业保险机制控制农业经营风险。在现代都市农业的建设与发展过程中，要保证资金充足，采用会费、主管部门补助、企业和社会团体赞助等多种筹集方式，为现代都市农业的发展提供必要的资金支持。

（四）加快农业科技创新，提高现代都市农业科技含量

要想促进现代都市农业的发展，不能片面追求经济效益而忽略自然环境的保护。应该充分利用城市教育、科研优势，大力推进以资源节约型技术和农业环保技术为核心的农业科技创新，并发展环境友好型的农业生产方式。从节约用地技术层面看，一方面，要大力发展设施农业，提高农业设施的科技含量，推动现代温室、植物工厂的建设，通过构建设施提供植物生长所需的温度、湿度、气候等条件，进而实现节约土地资源的目标。另一方面，要大力发展立体农业。立体农业主要是开发立体种植、立体养殖、间套复种等技术，比如根据作物高矮和生长特性，间作套种。从减少化肥施用量的技术层面看，要加大有机养分技术研发和政策投入，有效减少无机养分的施用，建立土壤增肥的长效运行机制。另外，针对不同农作物对营养元素的不同需求，开发相应的以专用复合肥为载体的配方施肥技术，开展平整田块、坡改梯、加深耕层等，提高农田的蓄肥保肥能力，积极推广深施化肥技术和灌溉施肥技术，从而实现水肥一体化。

探索节约型现代都市农业，在农业生产过程中，尽可能节约使用煤、石油、天然气等不可再生资源，并努力提高生物能源的利用效率。重点研发农村可再生资源开发利用技术、农村可再生能源高效利用技术、农业有机废弃物循环利用技术，重点推广清洁生产技术、沼气综合利用技术，大力发展循环农业模式。总之，为促进现代都市农业的发展，要注重研发资源节约型的农业科学技术，在发展都市农业经济的同时注重资

源友好型农业科学技术的推广应用。

(五)积极探索"互联网+现代都市农业"新模式

"互联网+现代都市农业"是运用现代信息技术与现代科学技术,依托大都市经济圈,涵盖农业生产、文化教育、休闲娱乐等项目,服务于都市的现代化农业。与传统的都市农业相比,"互联网+现代都市农业"有助于拓宽都市农业的经营渠道,增加都市农业经营项目,促进农业现代化发展。为加快推进"互联网+现代都市农业"发展,要利用互联网提升现代都市农业生产、经营、管理和服务水平,培育智能化、数字化、精细化的现代农业生产经营新模式,继而形成示范带动效应。要加快完善新型农业生产经营体系,培育多元化农业互联网管理服务模式,逐步建立农副产品、农资质量安全追溯体系,提升现代都市农业服务水平。

总之,农业经济发展是国民经济发展的重中之重,它关系着人类的生存、国家的稳定以及生态可持续发展等问题。科技是推动农业经济发展的重要动力,在很大程度上决定着农业经济的未来发展方向。为进一步促进农业现代化发展,应紧抓农业科技这一关键要素,不断完善农业科技体制改革,持续加深产学研结合,充分激发农业科技创新的活力和动力,强化科技创新对农业经济发展的驱动作用,助力乡村振兴和农民致富,为农业强国建设、农业高质量发展贡献力量。

参考文献

[1] 马文斌.农业科技人才培养模式及发展环境优化[M].长春：吉林人民出版社，2021.

[2] 柏振忠.现代农业视角下的农业科技推广人才需求研究[M].北京：中国经济出版社，2011.

[3] 贾敬敦.农业农村现代化与科技创新重大问题研究[M].北京：科学技术文献出版社，2019.

[4] 赵华.现代农业科技园区发展模式研究[M].沈阳：东北大学出版社，2019.

[5] 杨戈.走向现代农业：农业现代化与创新[M].北京：中国经济出版社，2003.

[6] 周洋，钱国英.智慧农业技术在农业发展中的实践与应用[J].南方农机，2023，54（2）：87-88，92.

[7] 黄诗敏，莫炳姬，农洁，等.农业转型发展视域下广西田园综合体建设发展研究[J].南方农机，2022，53（21）：37-40.

[8] 张祖磊，文军.田园综合体建设实现乡村振兴的路径[J].农业与技术，2022，42（20）：162-165.

[9] 金丽馥，吴震东.以农业科技现代化促进农业现代化的实践路径[J].排灌机械工程学报，2022，40（10）：1056-1064.

[10] 王琳杰.现代农业科技园区发展现状及对策研究[J].科技创业月刊，2022，35（9）：73-75.

[11] 吕倩男.校企合作模式下应用型农业科技人才培养研究[J].南方农机，2022，53（10）：168-170.

[12] 李鹏程.我国现代农业科技推广的问题及对策[J].现代化农业，2022（2）：55-57.

[13] 董文翰.农业科技推广中存在的问题及对策[J].南方农机,2021,52(24):66-68.

[14] 珠拉.科技助力农业现代化发展的措施[J].内蒙古科技与经济,2021(18):19-20.

[15] 江山,王晓军,汪勤芳,等.农业科技创新支撑浙江乡村振兴对策研究[J].南方农业,2021,15(12):181-183,186.

[16] 孟秋菊,徐晓宗.农业龙头企业带动小农户衔接现代农业发展研究:四川省达州市例证[J].农村经济,2021(2):125-136.

[17] 贺宇.农技推广在农业科技进步中的重要性[J].农业工程技术,2021,41(3):86-87.

[18] 于法稳.基于绿色发展理念的智慧农业实现路径[J].人民论坛·学术前沿,2020(24):79-89.

[19] 黄梁.我国农业科技园区发展演变、问题与发展路径[J].农业经济,2021(1):15-17.

[20] 张伟,马永鑫,孙建军,等.乡村振兴背景下加快农业科技创新的思考[J].农业科技管理,2020,39(6):24-27.

[21] 王文,吕军,杨晓文,等.现代农业产业园建设模式与关键技术研究[J].中国农机化学报,2020,41(12):210-216.

[22] 郑健壮.田园综合体:基本内涵、主要类型及建设内容[J].中国农业资源与区划,2020,41(8):205-212.

[23] 邢鹏.农业科技创新促进农业现代化的实践路径研究[J].辽宁行政学院学报,2020(4):54-59.

[24] 林亦平,陶林.乡村振兴战略视域下田园综合体的"综合"功能研究:基于首批田园综合体试点建设项目分析[J].南京农业大学学报(社会科学版),2020,20(1):109-116.

[25] 张红宇.乡村振兴背景下的现代农业发展[J].求索,2020(1):124-131.

[26] 袁延文.以精细农业推进农业现代化[J].新湘评论,2019(24):14-16.

[27] 王树平，史杏芬，许海英，等.农业科技人才培养模式研究[J].农家参谋，2019（17）：28，46.

[28] 黎丽菊，许忠裕，邓国仙，等.农业科技创新支撑乡村振兴的思考与建议[J].农村经济与科技，2019，303（14）：214，216.

[29] 信军，郑末，李娟.农业科技成果转化与推广探究[J].农学学报，2019，9（7）：87-90.

[30] 张力.农业科技创新与现代农业发展探讨[J].现代农业科技，2019（13）：214-216.

[31] 李梦莹，吴锦程.基层农业科技推广人才培养问题研究述评[J].高等继续教育学报，2019，32（1）：57-60，67.

[32] 唐金华.浅析农业科技创新在乡村振兴战略中的作用[J].现代农业，2019（2）：66.

[33] 庞玮，白凯.田园综合体的内涵与建设模式[J].陕西师范大学学报（自然科学版），2018，46（6）：20-27.

[34] 周敏.新型城乡关系下田园综合体价值内涵与运行机制[J].规划师，2018，34（8）：5-11.

[35] 匡远配，易梦丹.精细农业推进现代农业发展：机理分析和现实依据[J].农业现代化研究，2018，39（4）：551-558.

[36] 周晨.科技创新驱动视角下中国农业现代化的可持续发展[J].天水行政学院学报，2018，19（1）：114-117.

[37] 张社梅，曾文俊，陈锐.推进都市现代农业供给侧结构性改革策略研究[J].经济纵横，2018（2）：99-104.

[38] 张长青，景韬.现代农业与农业发展[J].山西农经，2017（2）：73.

[39] 唐兴武.农业科技推广人才培养研究[J].江西农业，2017（1）：136.

[40] 高道才，林志强.农业科技推广服务体制和运行机制创新研究[J].中国海洋大学学报（社会科学版），2015（1）：93-97.

[41] 陈俊.加强高等农业院校农业科技推广工作的对策研究：以西北农林科技大学为例[J].中国农机化学报，2014，35（5）：331-336.

[42] 刘大伟，张俊华. 关于提升高等农业院校本科农业科技人才培养质量的思考[J]. 继续教育研究，2014（3）：103-104.

[43] 毋青松. 城市化进程中都市农业发展路径创新[J]. 农业经济问题，2013，34（9）：34-37.

[44] 王济民，张蕙杰，刘春芳，等. 我国农业科技推广体系建设研究[J]. 基层农技推广，2013，1（8）：1-16.

[45] 韩长赋. 加快推进农业科技创新与推广[J]. 求是，2012（5）：33-36.

[46] 高布权. 论农业科技创新的内涵及其在农业现代化中的功效[J]. 农业现代化研究，2008（5）：522-526.

[47] 吕洪霞，丁文锋. 农业科技推广体系改革的目标模式和对策[J]. 农业经济问题，2005（6）：47-52，80.

[48] 李磊. 农业技术创新对农业经济发展的影响研究：以甘肃省为例[D]. 兰州：兰州财经大学，2019.

[49] 徐小琪. 我国信息化与农业现代化协调发展研究[D]. 长沙：湖南农业大学，2019.

[50] 刘晓琴. 乡村振兴战略下农业科技人才队伍建设研究：以山西省S镇为例[D]. 太原：山西财经大学，2019.

[51] 迟清涛. 中国农业现代化发展研究[D]. 长春：吉林农业大学，2015.

[52] 申秀清. 中国农业科技园区创新机制研究[D]. 呼和浩特：内蒙古农业大学，2014.